# 马克思主义
为什么行

牛先锋 等 著

江苏人民出版社

图书在版编目（CIP）数据

马克思主义为什么行 / 牛先锋等著. -- 南京：江苏人民出版社, 2022.10（2023.12 重印）

ISBN 978-7-214-27490-8

Ⅰ.①马… Ⅱ.①牛… Ⅲ.①马克思主义—发展—研究—中国 Ⅳ.① D61

中国版本图书馆 CIP 数据核字（2022）第 159764 号

书　　　名	马克思主义为什么行
著　　　者	牛先锋　等
责 任 编 辑	陈　颖
特 约 编 辑	贺银垠
装 帧 设 计	刘　俊
责 任 监 制	王　娟
出 版 发 行	江苏人民出版社
地　　　址	南京市湖南路 1 号 A 楼，邮编：210009
照　　　排	南京私书坊文化传播有限公司
印　　　刷	江苏凤凰新华印务集团有限公司
开　　　本	890 毫米 ×1240 毫米　1/32
印　　　张	7.75　插页 2
字　　　数	154 千字
版　　　次	2022 年 10 月第 1 版
印　　　次	2023 年 12 月第 3 次印刷
标 准 书 号	ISBN 978-7-214-27490-8
定　　　价	48.00 元

（江苏人民出版社图书凡印装错误可向承印厂调换）

前言

认识"马克思主义为什么行"的五个维度

党的十八大以来,习近平总书记反复提问:"中国共产党为什么能?中国特色社会主义为什么好?马克思主义为什么行?"2021年,在庆祝中国共产党成立100周年大会上,习近平总书记简明地回答:"中国共产党为什么能,中国特色社会主义为什么好,归根结底是因为马克思主义行!"①

那么,马克思主义为什么行呢?从马克思主义的理论品质和中国共产党百年奋斗的经验中探寻,我们可以得出以下基本结论。

马克思主义本身是科学的理论体系,具有强大的说服

---

① 习近平:《在庆祝中国共产党成立100周年大会上的讲话》,人民出版社2021年版,第13页。

力、解释力、实践力；马克思主义在中国有坚定的信仰者、践行者；马克思主义的指导作用在中国革命、建设、改革的实践中得到充分证明；马克思主义在中国以马克思主义中国化的成果形式实现创新发展，焕发出勃勃生机；马克思主义在当今世界仍然具有重要影响力，为未来社会发展指明方向。习近平新时代中国特色社会主义思想是马克思主义中国化最新成果，是当代中国马克思主义、21世纪马克思主义，是回答"马克思主义为什么行"的最现实答案。

"主义"是一种系统的思想观点，是对认识和解决问题之有用办法的概括性总结。当一种主义被反复验证对解决问题有帮助之后，这种主义就逐步被人们相信，成为一种信仰和价值指向，引领人们为之而奋斗。判断和验证一种"主义"是否有用可行，最基本的要素有五个：一看"主义"本身是否具有科学性；二看是否有一批为"主义"而奋斗的人；三看"主义"解决实际问题的效果；四看"主义"是否在实践中实现自我创新；五看"主义"对人类社会是否能够持续产生重要影响。马克思主义之所以在中国有用可行，是因为它具备上述全部五个要素，是被中国革命、建设、改革实践反复证明了的科学理论，是被人类社会发展证明了的光辉思想。

一、马克思主义是科学的理论体系

马克思主义就其源头来说,是马克思恩格斯创立的、关于无产阶级和全人类解放的学说,是无产阶级的世界观和方法论。这一学说,既揭示了人类社会发展的一般规律,又揭示了人在历史发展中的能动作用;既体现了马克思主义的人民立场,又体现了解放全人类的崇高情怀。它在崇尚价值与遵循科学的实践中,开辟了每个人自由而全面发展的未来社会新景象,为全人类的解放指明了方向。

马克思主义为认识人类社会提供了一个科学的世界观和方法论。在标志马克思主义诞生的《共产党宣言》中,马克思恩格斯鲜明地指出:"每一历史时代的经济生产以及必然由此产生的社会结构,是该时代政治的和精神的历史的基础。"① 列宁评价说,《共产党宣言》宣布了一个新世界观的产生,为认识世界打开了一扇科学的大门。即对于社会,一要历史地看待,不仅要认识眼前的现状,更要考察现实从哪里来、向哪里去,这样才能把握历史趋势;二要唯物地看待,不能凭头脑去想象、凭哲学去构思、用概念去推演,只有深入到时代的经济生产中去,才能认识该时代的社会结构、人们的政治生活和精神生活。历史地、唯物地观察社会,就是历史唯物主义或唯物史观。唯物史观的发现,

---

① 《马克思恩格斯文集》第 2 卷,人民出版社 2009 年版,第 9 页。

拨开了长期以来社会历史领域笼罩着的迷雾，使纯粹的思辨史学说、神秘的力量史学说颜面扫地，把对人类历史的认识奠定在坚实的基础之上，开辟了认识历史发展规律的崭新道路。

马克思主义揭示了社会发展的基本规律。人要维持自身生命存在和社会存在，就一时也离不开物质资料的生产，这是最基本的常识。从这一常识出发，马克思主义提出了生产力是社会发展的根本动力，生产关系由生产力决定，生产力与生产关系的总和构成社会的经济基础，由政治和观念所构成的上层建筑由经济基础决定。生产力与生产关系、经济基础与上层建筑这两对矛盾是社会发展的基本矛盾，基本矛盾的运动推动着社会由低级向高级螺旋式上升发展，这是社会发展的基本规律，是历史发展的总逻辑。但历史发展的必然性总是由偶然性来开辟道路的，历史的发展并不排除个别民族在发展阶段上出现先后顺序颠倒的可能性。

马克思主义具有崇高的人类情怀。关怀人、尊重人、发展人、使人成为人，是马克思主义的最高追求。马克思主义的全部出发点是"现实的人"，在他的中学毕业论文中，马克思就讲："如果我们选择了最能为人类福利而劳动的职业，那么，重担就不能把我们压倒，因为这是为大家而献身；那时我们所感到的就不是可怜的、有限的、自私的乐趣，我们的幸福将属于千百万人，我们的事业将默默地、但是永恒发挥作用地存在下去，而面对我们的骨灰，高尚的人们将洒下热泪。"①马克思亲自参加工人运动,开创了国际共产主义运动的崭新局面;他亲手制定共产党人的第一个纲领,创建了第一个世界性的共产党组织;他与思想上和实践中的敌人进行顽强的斗争;他不顾自身的清贫与困苦,为无产阶级和全人类的解放而呼号奔走。马克思的一生可谓是"为天地立心,为生民立命,为往圣继绝学,为万世开太平"。人民性是马克思主义最鲜明的品格,在纪念马克思诞辰200周年大会上,习近平总书记概括指出:"马克思主义第一次站在人民的立场探求人类自由解放的道路,以科学的理论为最终建立一个没有压迫、没有剥削、人人平等、人人自由的理想社会指明了方向。马克思主义之所以具有跨越国度、跨越时代的影响力,就是因为它植根人民之中,指明了依靠人民推动历史前进的人间正道。"②

二、马克思主义在中国有继往开来的践行者

科学的理论只有经群众所掌握,并身体力行为之奋斗,才能彰显出无穷的力量。在人类文明史上,中外有许多优秀的思想成果为人们所传承,比如中国古代有以孔子为代表的儒家思想、以老子为代表的道家思想等。西方有以苏

---

① 《马克思恩格斯全集》第40卷,人民出版社1982年版,第7页。
② 习近平:《在纪念马克思诞辰200周年大会上的讲话》,人民出版社2018年版,第8页。

格拉底、柏拉图为代表的古希腊哲学思想、以黑格尔为代表的德国古典哲学思想、以亚当·斯密为代表的英国古典政治经济学和以圣西门、傅立叶等为代表的法国空想社会主义思想,这些思想无不闪耀着人类智慧的光芒。但是,从没有见到过以这些思想武装起来的群众革命组织,更没有见到过为这些思想而奋斗的政党和以这些思想为指导建立起来的社会制度。马克思主义之所以在世界上有如此大的影响力和生命力,之所以在中国行,正是因为有一批又一批马克思主义的坚定信仰者为共产主义理想而不惜牺牲生命、前赴后继。

马克思主义不是象牙塔中的玄幻理论,而是指导群众运动的学说。与一切旧哲学不同的是,它不仅要解释世界更要改造世界,而在改造世界的过程中,无产阶级始终是这一运动的实践主体。马克思在《〈黑格尔法哲学批判〉导言》中指出:"哲学把无产阶级当做自己的物质武器,同样,无产阶级也把哲学当做自己的精神武器;思想的闪电一旦彻底击中这块素朴的人民园地,德国人就会解放成为人。"[①]也就是讲,在当时的马克思看来,德国人的解放是哲学的任务,而履行这个使命的只能是德国发展起来的无产阶级。马克思恩格斯非常重视无产阶级革命实践,积极参与到工人运动中去。标志着马克思主义诞生的《共产党宣言》就

[①]《马克思恩格斯文集》第1卷,人民出版社2009年版,第17—18页。

是应信奉共产主义的共产主义者同盟这个国际工人组织之委托而起草的；在共产主义者同盟解散之后，国际工人运动在马克思恩格斯的亲自指导下又成立了国际工人协会（第一国际）；此后，法国工人在马克思主义指导下进行了巴黎公社革命，第一次尝试性地建立了无产阶级专政的政权；巴黎公社失败之后，马克思主义又与工人运动相结合，成立了第二国际；随后，欧洲各民族国家实现了马克思主义与工人运动的结合，成立了民族国家范围内的共产党组织。列宁把马克思主义与俄国工人运动相结合，组建了布尔什维克和革命的军队，十月革命胜利之后，以马克思主义为指导建立了世界上第一个社会主义国家。至此，马克思主义不仅以理论形态、运动形态，而且以社会制度形态，实现了与广大人民群众的结合。从此，人类历史上有了以马克思主义为指导的国家政权，有了在全国范围内执政的共产党组织。从马克思主义的发展历程可以看出，马克思主义诞生于无产阶级革命运动之中，又指导无产阶级革命实践。与人民群众紧密结合是马克思主义鲜明的特点，也是其实现自身理论价值的必要条件。

中国共产党是马克思主义的忠实信仰者、坚定实践者。中国共产党就是一群信仰马克思主义的知识分子建立起来的政治组织，他们弘扬伟大建党精神，使马克思主义的火种燎原于中国大地。中国共产党成立之后，立即投入到工农运动之中，并在革命运动中培育了一大批信仰坚定的共产主义战士。他们对马克思主义信仰忠诚不渝、对共产主义信念坚定不移,并将之与中国革命、建设、改革的实际相结合,创造性地形成了建党精神、井冈山精神、长征精神、延安精神、铁人精神、"两弹一星"精神、改革开放精神等。他们怀着"为人民谋幸福,为民族谋复兴"的初心,抱着"砍头不要紧,只要主义真"的意志,一不怕苦、二不怕死、自力更生、艰苦奋斗,赢得了一个社会主义的新中国,赢得了一个改革开放的新局面,赢得了一个中国特色社会主义的新时代。正是有了一个坚定信仰马克思主义的政党——中国共产党的坚强领导,科学社会主义在中国焕发出生机与活力,马克思主义在中国焕发出真理的光芒。

三、马克思主义指引中华民族实现伟大复兴的征程

马克思主义诞生于19世纪中期的西欧社会,半个多世纪后漂洋过海传入中国,在中国大地上扎下根来。从此,实现中华民族伟大复兴的历程便深深地打上了马克思主义的烙印,百年来中国革命建设改革取得的辉煌成就,以无可辩驳的事实证明了马克思主义的强大力量。

第一,在马克思主义指导下,诞生了中国共产党。十月革命一声炮响,给我们送来了马克思列宁主义,中国人民从此有了一个正确认识世界、改造世界、改变自己命运

的先进思想武器。中国先进分子以马克思主义为指导成立了中国共产党，中国共产党的诞生在中国历史上是一次开天辟地的大事件，"深刻改变了近代以来中华民族发展的方向和进程，深刻改变了中国人民和中华民族的前途和命运，深刻改变了世界发展的趋势和格局"①。它标志着中华民族的伟大复兴有了一个坚强的领导者，也标志着半殖民地半封建社会的中国走向民族伟大复兴有了一个明确的社会主义方向。

第二，在马克思主义指导下，建立了社会主义新中国。中国共产党成立后，正确地认识到近代中国半殖民地半封建的社会性质，深刻分析了中国人民受帝国主义、封建主义、官僚资本主义三座大山压迫的社会状况，理性地搞清楚了"谁是我们的朋友，谁是我们的敌人"这一革命的首要问题，科学提出了中国革命分两步走的战略，建立起了自己强大的人民军队。在中国共产党领导下，经过28年的浴血奋战，中国人民1949年建立了新中国，完成了民族独立、人民解放的历史性课题。新中国成立后，党坚持以马克思主义为指导，从中国实际出发，胜利完成了社会主义革命任务，建立了社会主义制度，对社会主义建设进行了初步探索，在中国大地上彻底消灭一切剥削制度，实现了中华民族有史以来最为广

---

① 习近平：《在庆祝中国共产党成立100周年大会上的讲话》，人民出版社2021年版，第3页。

泛而深刻的社会变革，实现了一穷二白、人口众多的东方大国大步迈进社会主义社会的伟大飞跃。第一次建立起了比较完整的国民经济体系，在科技领域取得了"两弹一星"的新突破，实现了中华民族从东亚病夫到站起来的伟大飞跃。在探索过程中，虽然经历了严重曲折，但党在社会主义革命和建设中取得的独创性理论成果和巨大成就，为在新的历史时期开创中国特色社会主义提供了宝贵经验、理论准备、物质基础。这些铁一般的事实证明，只有社会主义才能救中国！

第三，在马克思主义指导下，开启了改革开放的新征程。马克思主义注重发展生产力，1978年党的十一届三中全会结束了"文化大革命"十年内乱的局面，终止了以阶级斗争为纲，适时把党和国家的工作重心转移到经济建设上来，把解放和发展社会生产力当作社会主义的根本任务。为推动生产力的发展，我们遵循生产关系要适应生产力发展、上层建筑要适应经济基础的马克思主义基本原理，大刀阔斧地进行改革，革除与生产力不相适应的生产关系、与经济基础不相适应的上层建筑；大胆进行对外开放，在率先开放四个特区试点基础之上，逐步形成了全方位的对外开放格局。在1982年党的十二大上，邓小平提出："把马克思主义的普遍真理同我国的具体实际结合起来，走自己的道路，建设有中国特色的社会主义，这就是我们总结长期历史经验得出的基本结论。"①

---

① 《邓小平文选》第3卷，人民出版社1993年版，第3页。

这一结论石破天惊，它表明，经过长期的探索，我们找到了一条马克思主义与中国具体实际相结合的道路，即中国特色社会主义道路。这条道路的核心内容是"一个中心、两个基本点"的基本路线，鲜明特色是既坚持了马克思主义基本原理，又符合中国具体实际。在中国特色社会主义道路的指引下，经过长期努力，我国先后解决了十几亿人的温饱问题，总体上实现小康，并于2021年全面建成了小康社会，顺利完成了党的第一个百年奋斗目标。人民群众的生活水平得到了飞跃性的提高，我国社会生产力高速发展，社会生产能力在很多方面进入世界前列，经济总量已经稳居世界第二。这些成就是马克思主义的胜利，是中国共产党的胜利，是中国人民和中华民族的伟大胜利。

四、马克思主义在中国焕发出强大的生命力

恩格斯曾经说过："我们的理论是发展着的理论，而不是必须背得烂熟并机械地加以重复的教条。"[①] 中国共产党人对待马克思主义不是僵化教条的态度，而是随时随地以当时的条件为转移，并以新的实践丰富和发展马克思主义。马克思主义在中国扎根、成长，焕发出强大的生命力，重要的原因就是马克思主义在指导中国实践的过程中实现了

---

① 《马克思恩格斯文集》第10卷，人民出版社2009年版，第562页。

与中国具体实际的结合、与中华优秀传统文化的结合,并在结合过程中与时俱进地实现自我创新,形成了马克思主义中国化新的理论成果。

中国共产党自成立起,就以马克思列宁主义为指导,开始了全新的中国革命。马克思恩格斯立足于西欧社会大工业时代的经济关系、阶级关系、阶级斗争状况,提出了阶级斗争、无产阶级革命、无产阶级专政、人的解放等学说。而当时的中国社会还是以小农经济为主的经济关系,工人阶级在人口数量上并不占优势,在西方列强压迫之下,中国与西方列强之间的民族矛盾更甚于国内的阶级矛盾,国家独立、人民解放的任务更为紧迫。以毛泽东同志为主要代表的中国共产党人敏锐地认识到,只有用马克思主义的"矢",射中国革命的"的",形成"活"的马克思主义,才能指引中国革命取得胜利。因而,他们创造性地提出了"马克思主义中国化"的重大命题,在中国革命和建设过程中实现了马克思主义与中国具体实际相结合的第一次飞跃,形成了马克思主义中国化的重大理论成果——毛泽东思想。在毛泽东思想的指引下,中国革命走上了正确的道路,中国社会主义建设取得了巨大的成就。毛泽东思想彰显出了马克思主义在中国的强大作用。

以党的十一届三中全会为标志,中国共产党人以马克思主义为指导,开启了改革开放新的伟大征程。社会主义代替资本主义是社会发展的必然结果,当资本主义体系不能容纳自身所创造的财富之时，资本主义的外壳就要被炸毁，这是马克思主义的基本原理。在马克思恩格斯那里，社会主义是建立在高度发达的生产力基础之上的，因而在我国这样一个经济文化比较落后的国家，"什么是社会主义，怎样建设社会主义"就成了需要反思的基本问题。以邓小平为主要代表的中国共产党人带领全党全国各族人民，深刻总结我国社会主义建设正反两方面经验，借鉴世界社会主义运动的历史经验，作出了把党和国家工作中心转移到经济建设上来、实行改革开放的历史性决策，深刻揭示了社会主义的本质，确立了社会主义初级阶段基本路线，明确提出了走自己的路、建设中国特色社会主义，科学回答了建设中国特色社会主义的一系列基本问题，形成了邓小平理论，成功开创了中国特色社会主义。

党的十三届四中全会以后，以江泽民同志为主要代表的中国共产党人，团结带领全党全国各族人民，坚持党的基本理论、基本路线，加深了对"什么是社会主义、怎样建设社会主义"和"建设什么样的党、怎样建设党"的认识，积累了治党治国新的宝贵经验，形成了"三个代表"重要思想，成功把中国特色社会主义推向21世纪。

党的十六大以后，以胡锦涛同志为主要代表的中国共产党人，团结带领全党全国各族人民，坚持以马克思列宁主义、毛泽东思想、邓小平理论和"三个代表"重要思想为指导，根据新的发展要求，深刻认识和回答了新形势下"实现什么样的发展、怎样发展"等重大问题，形成了科学发展观，成功在新的历史起点上坚持和发展了中国特色社会主义。

邓小平理论、"三个代表"重要思想、科学发展观，是改革开放以来党推进马克思主义中国化取得的新的理论成果，开创了马克思主义的新境界，在马克思主义中国化第一次飞跃的基础上，实现了马克思主义中国化新的飞跃。

党的十八大以来，以习近平同志为核心的党中央团结带领全党全国各族人民，全面审视国际国内新形势，通过总结实践、展望未来，深刻回答了新时代坚持和发展什么样的中国特色社会主义、怎样坚持和发展中国特色社会主义这个重大时代课题，提出了一系列原创性的治国理政新理念、新思想、新战略，提出了习近平新时代中国特色社会主义思想。习近平新时代中国特色社会主义思想，是当代中国的马克思主义、21世纪的马克思主义，是中华文化和中国精神的时代精华，是对马克思列宁主义、毛泽东思想、邓小平理论、"三个代表"重要思想、科学发展观的继承和发展，是全党全国人民为实现中华民族伟大复兴而奋斗的行动指南，必须长期坚持并不断发展。习近平新时代中国特色社会主义思想的提出，实现了马克思主义中国化又一次新的飞跃。

实践没有止境，理论创新也没有止境。中华民族伟大复兴每前进一步，中国共产党的理论创新就跟进一步。用马克思主义中国化的最新成果，指导中华民族实现伟大复兴新进程，是党百年奋斗的历史写照。中国共产党的百年奋斗历史既是中国共产党带领全党全国各族人民，实现中华民族伟大复兴的历史，也是中国共产党的指导思想不断与时俱进，推进马克思主义中国化的历史。毛泽东思想、邓小平理论、"三个代表"重要思想、科学发展观、习近平新时代中国特色社会主义思想，是马克思主义中国化、时代化的重大理论成果。这一系列马克思主义中国化的理论成果，遵循了马克思主义的基本原理，体现了马克思主义的精神实质，闪耀着马克思主义的真理光芒，使马克思主义在中国焕发出了强大的生机活力。

五、马克思主义对当今世界发展仍然发挥着影响

马克思主义是全人类的思想财富，是人类思想史上的一座丰碑，也是改造世界的锐利武器。马克思恩格斯创立的辩证唯物主义与历史唯物主义哲学思想，已经对人们的思维方式产生了深刻的影响；创立的政治经济理论，已经对无产阶级正确认识自身的地位和肩负的历史使命提供了强大的理论支持；创立的科学社会主义理论，已经深深地改变了人们对资本主义社会发展趋势的认识，并指引人们在实践中开天辟地建立起了社会主义制度，打破了资本主义一统天下的局面，形成了新的世界格局。

马克思主义对世界的影响，不仅表现在思想上，也表

现在实践中；不仅体现在历史上，也体现在当今时代。在20世纪末苏联解体、东欧剧变之际，马克思主义曾经有一段短暂的沉寂，似乎马克思主义无用了，社会主义要崩溃了。一些资产阶级政客甚至预言，20世纪初以马克思主义为指导产生的社会主义，将在20世纪末完全终结。然而，在预言马克思主义大失败、社会主义大崩溃的人们还未来得及"弹冠相庆"之时，马克思主义就又一次蓬勃发展了。他们不得不感叹马克思主义的强大力量，惊呼：马克思主义从未离开，它永远在场！

在20世纪即将结束的时候（1999），英国广播公司（BBC）在全球范围举行过一次"千年思想家"网上评选活动，得票高居榜首者是马克思。这一事件犹如黑色幽默，一个宣告资本主义必然灭亡、被资产阶级看作敌人的马克思，竟然被评选为"千年思想家"第一人。这再一次证明了恩格斯对马克思的一个评价：马克思一生有许多敌人，但没有一个私敌！这一评价是客观的，连马克思的敌人都把马克思看成千年思想家，这足以说明马克思主义的真理性，足以证明马克思高尚的人格。

事实上，还在苏联解体、东欧剧变的震荡尚未结束之时，西方知识界就已经开始对马克思主义的命运进行研讨与思考。1993年4月，加利福尼亚大学举办了一场国际研讨会，会议主题就是"马克思主义往何处去"，与会代表有来自中国、俄罗斯、美国、波兰、德国、法国、罗马尼亚、墨西哥等国的理论家。当代著名法国哲学家雅克·德里达在大会上作了两次发言，后来他以发言题目出版了《马克思的幽灵——债务国家、哀悼活动和新国际》一书。他在书中讲："不能没有马克思，没有马克思，没有对马克思的记忆，没有马克思的遗产，也就没有将来；无论如何得有某个马克思，得有他的才华，至少得有他的某种精神。"①这一评价是中肯客观的。就科学性、真理性、影响力、传播面而言，在人类思想史上，没有一种思想能达到马克思主义的高度，能对世界产生如此巨大的影响。

2008年，全球金融危机爆发，直至今天，世界经济还处于低迷状态。在危机期间，欧洲各国社会底层和工人不断走上街头，抗议资本的剥削，美国发生了"占领华尔街"运动，示威者打出"推翻整个制度，资本主义是有组织的犯罪"等口号，抗议的锋芒直指资本主义制度。同时，危机也促使西方理论界对新自由主义进行反思，马克思主义作为一种思想资源再次引起关注。据路透社报道，德国一位出版商约恩·许埃特伦普夫说，2008年《资本论》在德国的销量是2007年的3倍，是1990年的100倍，购买《资本论》的多为年轻人。这充分表明马克思主义具有超越时空的思想穿透力，它仍然是解决资本主义内在矛盾的重要思想工具。

---

① [法]雅克·德里达：《马克思的幽灵——债务国家、哀悼活动和新国际》，何一译，中国人民大学出版社2008年版，第15页。

马克思主义无论是作为一种思想资源，还是作为一种社会运动，从其产生以来一直在世界上发挥着重要的影响。在世界上，西方马克思主义是研究马克思主义的一个学术流派；西方发达国家的共产党并未放弃马克思主义意识形态，也没有放弃对未来社会发展道路的探索；除了共产党执政的社会主义国家之外，广大亚非拉地区也有许多政治势力在探寻马克思主义与本国实际相结合的道路。尽管他们的研究或者探索在许多方面异于马克思主义基本原理，甚至背离马克思主义精神，但他们自称为马克思主义者这个事实，也表明了马克思主义的影响力。

在纪念马克思诞辰200周年大会上，习近平总书记指出："马克思给我们留下的最有价值、最具影响力的精神财富，就是以他名字命名的科学理论——马克思主义。这一理论犹如壮丽的日出，照亮了人类探索历史规律和寻求自身解放的道路。""马克思主义极大推进了人类文明进程，至今依然是具有重大国际影响的思想体系和话语体系，马克思至今依然被公认为'千年第一思想家'。"[①] 这是对马克思主义世界影响力的高度总结。

[①] 习近平：《在纪念马克思诞辰200周年大会上的讲话》，人民出版社2018年版，第6、11页。

目 录

第一章
光辉的真理

第一节 科学的世界观和方法论　　003
一、科学理论诞生的前奏　　003
二、艰辛的探索之路　　007
三、闪耀的思想　　011
四、崇高的人类情怀　　016

第二节 人类社会发展的基本规律　　020
一、社会存在与社会意识的辩证运动规律　　022
二、物质资料的生产是人类社会发展的基础　　023
三、社会基本矛盾运动是社会发展的根本动力　　025
四、人民群众是历史的创造者　　029
五、人与自然和谐相处　　032
六、社会发展规律的普遍性与实现形式的多样性　　033

第三节　照亮人类社会的未来　　　036
一、"两个必然"大趋势　　　036
二、人的自由全面发展的新社会　　　041
三、未来社会的发展阶段　　　047

第二章
接续的发展

第一节　中国共产党的理论源泉　　　055
一、马克思主义传入中国　　　056
二、中国选择了马克思主义　　　060

第二节　马克思主义中国化第一次飞跃　　　063
一、马克思主义在新民主主义革命中的运用和发展　　　064
二、马克思主义在社会主义革命和建设中的运用和发展　　　078
三、马克思主义中国化第一次飞跃的重大理论成果　　　084

第三节　改革开放中马克思主义中国化新的飞跃　　　093
一、中国特色社会主义的开创　　　094
二、中国特色社会主义的推进　　　100
三、中国特色社会主义的坚持和发展　　　104
四、改革开放使马克思主义焕发出强大活力　　　108

第三章
奋进新时代

第一节　中国特色社会主义进入新时代　117
一、世界百年未有之大变局　119
二、中华民族伟大复兴战略全局　121
三、社会主要矛盾的历史性变化　124
四、新时代的内涵及意义　127

第二节　新时代马克思主义中国化新的飞跃　129
一、习近平新时代中国特色社会主义思想的创立　130
二、习近平新时代中国特色社会主义思想的内涵　134
三、习近平新时代中国特色社会主义思想的历史地位　141

第三节　新思想引领新发展　145
一、立足新发展阶段　145
二、坚持新发展理念　150
三、构建新发展格局　156

第四章
永恒的魅力

第一节 指导国际共产主义运动 　167
一、马克思主义的诞生与共产主义者同盟的建立　167
二、在战斗中前进的马克思主义与第一国际的创立　170
三、马克思主义的丰富发展与第二国际的创立　176
四、社会主义从理论向制度的飞跃　179

第二节 马克思主义的世界影响 　182
一、西方马克思主义的流变　183
二、马克思主义在亚非拉地区的影响　192
三、俄罗斯东欧地带的社会主义再探索　199

第三节 永不退场的红色"幽灵" 　202
一、马克思主义的"复活"　203
二、今天我们仍然需要马克思主义　207
三、马克思主义在 21 世纪前景光明　214

结束语　马克思主义的旗帜在中国高高飘扬　221
后　记　225

第一章

光辉的真理

马克思主义是无产阶级的世界观和方法论，是关于无产阶级和全人类解放的学说。这一学说既揭示了人类社会发展的一般规律，又揭示了人类在历史发展中的能动作用；既体现了无产阶级的人民立场，又体现了对全人类解放的崇高情怀。它在崇尚人类价值与遵从科学规律的实践中，为全人类解放开辟了一条崭新的道路。

第一节 科学的世界观和方法论

马克思主义是时代的产物,是在总结概括以往思想智慧的基础上形成的、逻辑严密的理论体系。它以科学实践观为核心,正确揭示了自然界、人类社会、人的思维发展的本质与规律,将唯物主义与辩证法统一起来,形成了辩证唯物主义与历史唯物主义的世界观与方法论。

一、科学理论诞生的前奏

在马克思主义诞生之前,一些思想家已经对人类社会发展规律以及资本主义社会发展方向作出过思考与分析,但是却始终未能走出空想困境。马克思恩格斯创立的唯物史观把被唯心主义颠倒的历史重新颠倒过来,指出了隐藏在人类精神活动背后的物质利益根源,进而揭开了历史的神秘面纱。

第一,工业革命带来生产力的巨大提升为唯物史观的诞生创造了条件。"一切划时代的体系的真正的内容都是由于产生这些体系的那个时期的需要而形成起来的。"[①]18世纪后半期,英国发生了工业革命,从此大机器工业逐渐发展壮大,资本主义的生产力急剧提升,生产关系也发生了重大变革。隐藏在人们精神背后的物质生产在社会生活中的作用日益凸显,阶级斗争在资本主义社会中的存在也影响着国家的政治生活与经济生活。这就为正确认识人类社会发展的动力提供了条件。此外,机器大工业的发展,促使资本主义社会扩大生产、寻求更大的市场,于是世界市场得到了开辟,世界市场的扩大促使国家之间、地区之间的联系更加紧密,为人类寻求诸多国家与地区的一般性特质提供了可能,进而有利于探寻人类社会形态更替的规律。

第二,无产阶级队伍的壮大为科学理论的形成提供了阶级基础。马克思指出:"一定时代的革命思想的存在是以革命阶级的存在为前提的。"[②]资本主义大工业的发展,造就了两大阶级,即现代的资产阶级与无产阶级。与以往历史上的阶级斗争相比,无产阶级与资产阶级这两大对立的阶级之间的斗争呈现出一些新特点,到19世纪30—40年代,法国里昂工人起义、

[①]《马克思恩格斯全集》第3卷,人民出版社1960年版,第544页。
[②]《马克思恩格斯文集》第1卷,人民出版社2009年版,第551页。

英国宪章运动以及德国西里西亚纺织工人运动,标志着工人运动已经开始从自发走向自觉,工人阶级作为一支独立的政治力量登上世界舞台,这为无产阶级孕育出阶级意识和进行阶级组织奠定了良好的基础。革命的行动需要革命的理论作为指导,工人运动的发展迫切需要科学的理论来指导。作为革命家、思想家的马克思和恩格斯自觉地承担起了这一历史任务。

第三,前人的思想精华为马克思主义科学理论的诞生提供了理论基础。马克思主义科学世界观的形成是在吸收人类历史上一切先进成果基础上提出来的。其中,直接的理论来源包括德国古典哲学、英国古典政治经济学与英法空想社会主义学说。

黑格尔的唯心主义辩证法、费尔巴哈的人本学唯物主义在马克思主义科学理论的产生中发挥了重要作用。黑格尔是德国古典哲学的集大成者,他注重绝对精神、理性在人类历史发展中的作用。在黑格尔的视野中,理性不仅是一切精神与自然的基础,而且是推进社会历史发展的动力,世界历史就是在此作用下,实现由低级向高级的发展。这种辩证法实际上是一种绝对精神的自我运动,而人类历史不是置于头脑中的历史,不是由意识决定的存在,而是人的实践活动的历史。所以,马克思只是吸收了黑格尔辩证法中的合理因素,彻底批判了黑格尔把绝对观念看成是运动的主体的唯心主义观念。对待费尔巴哈,亦是如此。马克思肯定了费尔巴哈反对思辨唯心主义的做法,吸收了他关于人的客观实在性以及关于存在是主词、思维是宾词的观点。但由于费尔巴哈在对人及其本质的理解上,仅仅停留在生物学意义,把人理解为一种脱离社会关系、不懂实践的人,因此,马克思彻底将抽象的人本主义与自然主义予以抛弃,清除了其形而上学及在历史观上的唯心主义特质。

威廉·配第、亚当·斯密、大卫·李嘉图等是英国古典政治经济学的突出代表人物,他们提出劳动价值论并探讨分工问题,以经济学的形式对劳动作为主体活动的创造能力进行肯定。此外,他们还对资本主义社会中的各主要阶级和阶级关系进行了分析,进一步揭露了资本主义社会各阶级之间对立的经济根源。马克思在《巴黎手稿》《伦敦笔记》中保留了大量关于政治经济学的读书评注,批判、借鉴、吸收其合理内核,在此基础上提出价值的唯一源泉是劳动,价值分为使用价值和交换价值等。但由于他们的立足点是抽象的人性以及孤立的个人,认定私有财产是自然、永恒的,所以马克思抛弃了他们把资本主义看成是永恒不变的制度的观点,在此基础上发展了劳动价值论,创立了剩余价值学说。

马克思恩格斯批判地吸收了英法空想社会主义思想,特别是三大空想社会主义者的思想,指出了三大空想社会主义者思想的局限性,批判了他们的唯心史观,反对他们对未来社会的空想描述与规划。同时,马克思恩格斯并没有忽视三大空想社会主义者的理论成就,充分肯定了他们对资本主义社会弊病的抨击和批判,积极吸收了空想社会主义者关于未来社会设想的有益成分,为科学社会主义的创立找到了直接的思想来源。

总之,马克思正是从此出发,在前人的基础上,把唯物主义与辩证法有机结合在一起，并将之贯彻到社会历史领域，开启了建立科学世界观与方法论的光明之路。

二、艰辛的探索之路

"路漫漫其修远兮，吾将上下而求索。"马克思主义世界观的确立，并非一蹴而就，而是经历了一个长期的探索过程。

第一，世界观转变的开始。青年时期的马克思深受黑格尔的影响，在哲学理论上，倾向于以自我意识为核心的唯心主义。在博士论文中，马克思虽然信奉黑格尔的理性与自由观念，但在对待哲学与现实世界的关系问题上，他强调两者的相互作用与辩证统一，既不否定哲学对世界的改造作用，也不同于青年黑格尔派将自我意识作用绝对化。这初步展示了马克思的辩证思维。

1842到1843年，马克思担任《莱茵报》的编辑，他通过对《林木盗窃法》以及摩塞尔河地区农民处境的观察，逐渐意识到黑格尔的法哲学和国家学说已经无法解释现实问题，意识到物质利益问题在社会生活中的重要作用，开始把目光转移到黑格尔忽视的市民社会，试图寻找解决现实问题的路径。1843年开始，马克思一方面结合《莱茵报》时期的反思，另一方面受费尔巴哈唯物主义的影响，在《黑格尔法哲学批判》中，开始清算以黑格尔哲学为代表的思辨唯心主义，得出市民社会决定国家的重要结论，使自己的思想沿着唯物主义的方向继续深化。在《德法年鉴》上发表的《论犹太人问题》和《〈黑格尔法哲学批判〉导言》中，马克思批判鲍威尔把犹太人解放问题转化为神学问题的理论思路，指出应该把神学问题转化为世俗问题。此外，马克思分析了"政治解放"与"人类解放"之间的本质区别，论证了无产阶级的历史地位与历史使命。在寻找人类解放道路时，马克思指出，"批判的武器当然不能代替武器的批判，物质力量只能用物质力量来摧毁；但是理论一经掌握群众，也会变成物质力量"[①]。在这里，马克思已经不再把实践看作理论批判活动，而是把实践看成改造社会的物质活动。也正是在这些基本问题上，马克思实现了由唯心主义向唯物主义的转变。

第二，对科学世界观的探索。继向唯物主义转变以后，1844年，马克思在巴黎写下了《1844年经济学哲学手稿》。在手稿中，马克思提出了"异化劳动"等一系列有价值的见解，在该理论的基础上对黑格尔的哲学进行了批判，阐发了自己的哲学思想。这一时期，马克思已经明显意识到物质生产在诸社会构成要素之中的支配作用，并且自觉地把生产、私有财产、意识形态联系起来进行考察，这就为后来社会形态概念的形成奠定了基础。此外，马克思在手稿中，还继续阐发了实践的观点，把实践理解为生产劳动，强调消灭现存的私有财产，就必须依靠付诸现实的共产主义行动。

---

① 《马克思恩格斯文集》第1卷，人民出版社2009年版，第11页。

1844年夏天，马克思与恩格斯在巴黎会面，两人合著《神圣家族》，在该著作中，他们对青年黑格尔派的哲学进行了一次彻底的清算。在这里，他们第一次使用"生产方式"这一概念，提出了物质生产是历史的发源地。此外，马克思用唯物辩证的观点思考思维与存在的关系问题，进一步论证无产阶级的历史使命，并近乎提出生产关系等历史唯物主义概念。这部著作的完成，标志着马克思与恩格斯在哲学上进行了具有重要意义的唯物主义探索，是超越旧世界观的开端。

　　第三，新世界观的最终形成。1844年春天，马克思在布鲁塞尔写下《关于费尔巴哈的提纲》；1845至1846年，与恩格斯合作完成《德意志意识形态》。两部著作的问世标志着马克思恩格斯在新世界观领域发生了质的飞跃，唯物史观问世了。其中，被恩格斯称为"包含着新世界观的天才萌芽的第一个文件"[①]的《关于费尔巴哈的提纲》，第一次把"实践"作为辩证唯物主义和历史唯物主义的基本范畴提出来，作出"社会生活在本质上是实践的"唯物主义论断，以实践观点解释社会生活与历史，指明了实践在社会历史中的基础地位。此外，马克思批判了费尔巴哈和一切旧唯物主义的局限性，"从前的一切唯物主义——包括费尔巴哈的唯物主义——的主要缺点是：对对象、现实、感性，只是从客体的或者直观的形式去理解，而不是把它们当作人的感性活动，当作实践去理解，不是从主体

---

① 《马克思恩格斯文集》第4卷，人民出版社2009年版，第266页。

方面去理解"①。虽然旧唯物主义超越了唯心主义的缺陷,但是却又离开社会实践去看待客观事物以及社会历史,忽视了人的主观能动性,因此也就不能了解人的本质与社会生活的本质。唯心主义"把能动的方面发展了,但只是抽象地发展了,因为唯心主义当然是不知道现实的、感性的活动的本身的"②,也就是说,唯心主义过度夸大了人的主体能动性,即精神创造客观世界,只因为其同样忽视了实践是一种现实的、感性的活动。因此,也正是在此意义上,马克思恩格斯将实践作为马克思主义哲学区别于一切旧哲学的根本特征。正是在科学实践观的基础上,马克思恩格斯在《德意志意识形态》中确立了生产关系的范畴,系统论述了新世界观的一系列基本原理,主要包括生产力与生产关系、经济基础与上层建筑、无产阶级解放与人类解放等基本原理。至此,唯物史观的形成把唯心主义从"最后一个避难所"中驱逐出去,唯物史观也被恩格斯称为马克思的"两大发现"之一。但值得注意的是,虽然马克思恩格斯的新世界观在《关于费尔巴哈的提纲》《德意志意识形态》中已经形成,但是这两部作品由于当时的现实原因未能正式出版,因此,后来恩格斯才指出,"我们的这一世界观,首先在马克思的《哲学的贫困》和《共产党宣言》中问世"③。《哲学的贫困》标志着科学世界观的第一次公开阐释。

---

① 《马克思恩格斯文集》第1卷,人民出版社2009年版,第503页。
② 《马克思恩格斯文集》第1卷,人民出版社2009年版,第503页。
③ 《马克思恩格斯文集》第9卷,人民出版社2009年版,第11页。

在《哲学的贫困》中，马克思阐述了生产力在人类社会中的基础地位和决定作用，还系统论述了唯物辩证法对立统一规律的实质。1848年，马克思恩格斯共同创作了无产阶级的伟大纲领——《共产党宣言》。《共产党宣言》揭示了资本主义社会的历史地位以及发展趋势，指明了阶级斗争理论以及无产阶级革命的必然性，并且制定了无产阶级革命的策略路线等。《共产党宣言》的发表标志着马克思主义的诞生，标志着社会主义实现了从空想到科学的飞跃。

后来，为了深入揭示资本主义社会发展的基本规律，马克思根据唯物史观深入研究了政治经济学。其中，《资本论》就是马克思耗尽心血获得的巨大成果。在书中，马克思把唯物辩证法以及历史唯物主义应用于资本主义社会的研究，具有伟大的哲学意义。此外，恩格斯在《反杜林论》和《自然辩证法》中科学系统论述了辩证唯物主义的基本内容，在《路德维希·费尔巴哈和德国古典哲学的终结》中又系统阐述了马克思主义新世界观，对科学的世界观与方法论进行了一次强有力的捍卫。

三、闪耀的思想

马克思恩格斯创立的辩证唯物主义与历史唯物主义，揭示了事物的本质以及内在发展规律，揭示了自然界、人类社会以及人的思维发展的一般规律，是被实践证明了的科学理论，至今依然闪耀着真理的光芒。

第一，辩证唯物主义与历史唯物主义揭示了世界发展的普遍规律。

辩证唯物主义与历史唯物主义，坚持物质第一性、意识第二性的世界物质性原理。世界物质性是关于世界客观性的总体观点，以往哲学家把意识作为第一性，认为在人的意识之外不存在客观物质世界，因此不可避免地陷入了唯心主义的困境。马克思主义坚持运用辩证唯物主义的观点来处理物质与意识、主体与客体间的关系，提出了在实践基础上的主客体统一论，为划分唯物主义与唯心主义提供了标准。

辩证唯物主义与历史唯物主义，坚持实践与认识的辩证关系原理。在马克思主义科学理论诞生之前，关于认识的本质，旧唯物主义与唯心主义都有过相关阐述，一个是直观反映论，一个是抽象能动论，两者的缺陷都是脱离人的实践活动去说明人的认识活动。而马克思主义，则以科学的实践观回答了认识的本质与基础的相关问题。其中，马克思曾在《关于费尔巴哈的提纲》中论述了实践的重要性，初步把物质生产活动规定为最基本的社会实践活动。在《德意志意识形态》以及之后的著作中，马克思恩格斯逐步以科学的实践观为基础，揭示了认识的运动过程和规律。

辩证唯物主义与历史唯物主义，坚持辩证法思想。辩证的方法是马克思恩格斯在分析资本主义社会发展规律时使用的基本方法。这一基本方法源于对黑格尔辩证法的批判吸收。黑格尔的辩证法从思维领域出发，运用到自然界与社会历史领域。马克思批判了这种头脚倒立的辩证法,继而在对政治经济学以及社会经济形态的研究中,运用并发展了唯物辩证法。马克思曾指出:"辩证法在对现存事物的肯定的理解中同时包含对现存事物的否定的理解,即对现存事物的必然灭亡的理解;辩证法对每一种既成的形式都是从不断的运动中,因而也是它的暂时性方面去理解。"[①] 正是基于这种唯物辩证法的分析,马克思在《资本论》中分析了商品、劳动、货币以及资本的二重性,诠释了资本主义生产方式的矛盾发展史。在资本主义社会中,马克思指出,货币向资本转变,最初的简单生产者向资本家转变的过程都体现了量变与质变之间的辩证关系。此外,马克思通过分析资产阶级作为剥夺者产生的历史及其作为剥夺者终将会被剥夺的历史必然性,科学论述了否定之否定规律的客观性与普遍性。

辩证唯物主义与历史唯物主义,坚持人类社会基本矛盾运动规律的基本原理,指出社会基本矛盾运动是历史发展的最终动因。马克思主义诞生之前的思想家对历史变动的最终原因有过探讨,但是他们一贯从思想、政治变动中找寻原因,并没有探索思想与政治变动背后的动因,所以不可避免地陷入唯心主义的困境。马克思深入挖掘诸多社会现象背后的动因,发现不是意识决定存在,而是存在决定意识,历史过程的决定性因素是现实生活过程中的生产与再生产。马克思在《德意志意识形态》《政治经济学批判》中,恩格斯在晚年著作中,都对生产

---

① 《马克思恩格斯文集》第 5 卷,人民出版社 2009 年版,第 22 页。

力与生产关系、经济基础与上层建筑、社会形态更替的统一性与多样性以及人民群众在历史中的作用有过明确论述。唯物史观的确立，摒弃了以往"英雄史论""精神决定历史论"的观点，阐明了物质资料的生产与再生产是社会结构与历史发展中的决定性因素，论述了人民群众是历史过程的主体，是推动历史前进的主体力量。

总之，辩证唯物主义与历史唯物主义是一个时代孕育的伟大思想，为揭示资本主义社会发展规律以及人类社会发展规律指明了方向。

第二，辩证唯物主义与历史唯物主义提供了认识世界的科学方法论。

辩证唯物主义与历史唯物主义不仅揭示了世界发展的普遍规律，更为中国共产党人改造世界提供了重要的方法论指导。

"一切从实际出发，实事求是"的方法论原则。实践与认识的辩证关系原理告诫我们，想问题、办事情都要从当今中国的社会实际出发，坚持实事求是的思想路线。我国处于并将长期处于社会主义初级阶段，中国的基本国情、国际地位以及社会主要矛盾等是党的全部工作的基础。习近平总书记强调："坚持实事求是，就是坚持一切从实际出发来研究和解决问题，坚持理论联系实际来制定和形成指导实践发展的正确路线方针政策，坚持在实践中检验真理和发展真理。"[1] 也就是说，要想得

---

[1]《习近平总书记系列讲话精神学习读本》，中央党校出版社2013年版，第130页。

到真理，我们必须深入调查研究；要赢得真理，我们必须坚持依靠群众的力量，坚持党的群众路线，坚持从群众中来，总结概括一般性客观发展规律，制定科学决策，而后到群众中去，在实践中检验政策的真理性，在反馈过程中真正做到立党为公，执政为民。实践与认识的辩证关系原理同时也告诫我们，要不断实现理论创新与实践创新的双向互动，"要根据时代变化和实践发展，不断深化认识，不断总结经验，不断进行理论创新，坚持理论指导和实践探索辩证统一，实现理论创新和实践创新良性互动，在这种统一和互动中发展二十一世纪中国的马克思主义"①。

唯物辩证的思维方式。历史经验告诉我们，在面对复杂矛盾时，我们应该坚持辩证唯物主义，善于用唯物辩证法分析事物、解决矛盾，历史地发展地看待社会变化。一方面，社会存在决定社会意识的辩证关系原理，指导我们树立科学的历史观。我国社会改革的总体部署应该时刻从现实的物质生活条件出发，根据现实的社会存在引领社会主义文化发展建设。另一方面，生产力、生产关系与经济基础、上层建筑的矛盾运动规律，指导我们把社会基本矛盾当作一个整体来观察，全面把握社会的基本面貌与发展方向。生产力与生产关系的辩证关系是马克思主义政党制定路线、方针、政策的重要依据，而中国共产党作为马克思主义政党，需要认识与把握这一规律，认识到物质

---

① 《习近平关于社会主义文化建设论述摘编》，中央文献出版社2017年版，第65页。

生产是社会生活的基础。所以，要想推进我国社会生产力的不断发展，就必须在全面深化改革的过程中，坚持把发展作为解决我国问题的关键，实现物的不断丰富与人的全面发展。

人民群众是历史创造者的根本立场。历史唯物主义认为人民是历史的创造者，群众是真正的英雄。中国共产党在带领全国各族人民建设中国特色社会主义事业、实现中华民族伟大复兴的过程中，时刻坚持以人民为中心，做到发展为了人民、发展依靠人民、发展成果由人民共享。以习近平同志为核心的党中央提出以人民为中心的思想，这不仅是对马克思主义政党政治立场与执政理念的生动展现，而且也是对人民创造历史的基本原理的运用与发展。

四、崇高的人类情怀

马克思主义不仅是科学的世界观和方法论，而且站在人的立场、人民立场，从现实的人出发，来尊重人、关怀人、发展人，具有崇高的人类情怀。为人类求解放，没有任何个人私利，这也是马克思主义具有跨越国度、跨越时代的影响力的所在，也是马克思主义为什么行的重要依据。

1835年8月，年仅17岁的马克思在中学毕业考试作文《青年在选择职业时的考虑》中豪气地写道："人们只有为同时代人的完美、为他们的幸福而工作，自己才能达到完美。"若仅此偶然一句，或许只是年轻人一时的激情冲动。然而，细品全文可以深切地感受到，文章既充满着血气方刚的朝气，也蕴含着冷静而深沉的理性，体现出作者的自主选择。全篇文采飞扬、思想深刻、逻辑严密，特别是结语振聋发聩："如果我们选择了最能为人类而工作的职业，那么，重担就不能把我们压倒，因为这是为大家作出的牺牲；那时我们所享受的就不是可怜的、有限的、自私的乐趣，我们的幸福将属于千百万人，我们的事业将悄然无声地存在下去，但是它会永远发挥作用，而面对我们的骨灰，高尚的人们将洒下热泪。"① 从行文中可以发现，青年马克思的心中还有神的影子，他把"使人类和他自己趋于高尚"看作是神给人指定的共同目标，但他同时又肯定"神要人自己去寻找可以达到这个目标的手段"，而正是沿着"神谕的目标——自主选择的手段"这一思维范式，马克思在其之后的理论生涯中，从"现实的人"出发，把神谕升华为每个人自由而全面发展的共产主义目标，把达到目标的手段归结为人的解放的条件。

"为人类福利而劳动"，马克思在青年时代是这样说的，终其一生也是这样做的。在《莱茵报》时期，马克思就开始关注劳动人民的生活，为人民的言论自由而辩护，为劳动人民的利益而呼喊。马克思恩格斯亲自参加工人运动，建立"共产主义通讯委员会"、改组"正义者同盟"、组建"共产主义者同盟"，成立"国际工人协会"和"第二国际"，指导各国工人阶级建

---

① 《马克思恩格斯全集》第1卷，人民出版社1995年版，第459—460页。

立无产阶级政党。他们不顾自身的利益,为无产阶级和全人类的解放而奔走呼号。他们强调群众的力量将随着历史活动的扩大而不断发展壮大,而群众队伍不仅仅是指无产阶级,还包含反对一切剥削与压迫的整个人类。

马克思恩格斯并肩作战,从理论上为无产阶级运动提供科学指导。他们认为:"批判的武器当然不能代替武器的批判,物质力量只能用物质力量来摧毁;但是理论一经掌握群众,也会变成物质力量。"[①]他们以"现实的人"作为出发点,立足于现实实践的生产活动,强调人民群众在物质生产中发挥着巨大作用,是物质与精神财富的创造者,而无产阶级政党则是绝大多数人民的利益的代表,无产阶级的革命运动必然是解放广大人民群众的独立运动。在《共产党宣言》中,马克思恩格斯提出了人类社会的崇高理想与人类崇高的价值追求,是"每个人的自由发展是一切人的自由发展的条件"[②]。马克思在《资本论》、恩格斯在《反杜林论》中都对人民群众的历史地位作了充分的肯定,肯定了人民群众在人类社会发展过程中的基础性地位,肯定了人民群众在无产阶级革命中推翻资本主义社会的积极作用,"一旦人民群众——农村工人、城市工人和农民——有了自己的意志,这样的时机就要到来"[③]。

人民性的品格贯穿于马克思恩格斯思想发展的不同时期,

---

① 《马克思恩格斯文集》第 1 卷,人民出版社 2009 年版,第 11 页。
② 《马克思恩格斯文集》第 2 卷,人民出版社 2009 年版,第 53 页。
③ 《马克思恩格斯文集》第 9 卷,人民出版社 2009 年版,第 178 页。

是马克思主义保持生机与活力的思想源泉。习近平总书记在纪念马克思诞辰200周年大会上深刻指出:"马克思主义第一次站在人民的立场探求人类自由解放的道路,以科学的理论为最终建立一个没有压迫、没有剥削、人人平等、人人自由的理想社会指明了方向。"① 一百多年来,马克思主义在实践中不断创新发展,但以人民为中心的理论品质始终贯穿其中。在中国革命、建设和改革的历史进程中,我们党始终坚持马克思主义的人民立场,提出"为人民服务""人民群众的利益高于一切""代表最广大人民群众的利益""坚持以人为本""坚持以人民为中心"的思想观点,充分体现出了崇高的马克思主义人类情怀。

---

① 习近平:《在纪念马克思诞辰200周年大会上的讲话》,人民出版社2018年版,第8页。

第二节　人类社会发展的基本规律

马克思主义之所以行,关键在于马克思主义理论体系正确诠释了人的生存、发展、解放的条件、进程和一般目的。马克思主义坚定地承认:"历史的进化像自然的进化一样,有其内在规律"①。所谓人类社会发展规律,就是社会"本身运动的自然规律"。这些规律不应该到哲学家的头脑中去寻找,而"应该通过发现现实的联系"来探索。为探寻人类社会发展规律,马克思恩格斯首先经历了世界观的转变,逐步摆脱了黑格尔唯心主义和旧唯物主义的影响,创立了新的唯物主义历史观。以唯物史观为指导,马克思恩格斯开始从现实的社会实践、从实践活动中人的现实生活来观察社会历史。而一旦将目光投向现实的社会生活,他们立即发现:"全部人类历史的第一个前提无疑是有生命的个人的存在。"②"人们为了能够'创造历史',必须能够生活。但是为了生活,首先就需要吃喝住穿以及其他一些东西。因此第一个历史活动就是生产满足这些需要的资料,即生产物质生活本身,而且,这是人们从几千年前直到今天单是为了维持生活就必须每日每时从事的历史活动,是一切历史的基本条件。"③

---

① 《马克思恩格斯文集》第4卷,人民出版社2009年版,第322页。
② 《马克思恩格斯文集》第1卷,人民出版社2009年版,第519页。
③ 《马克思恩格斯文集》第1卷,人民出版社2009年版,第531页。

以"有生命的个人的存在"和"生产物质生活本身"为切入点,马克思恩格斯全身心地投入到对人类社会发展规律的研究之中,他们条分缕析了各种社会现象及其相互之间的关系,抽丝剥茧地剖析了经济生产、社会结构及其政治生活和精神生活诸多社会要素,探究了社会现象、社会要素、社会制度从一种形式过渡到另一种形式的内在机理。他们首先把历史看作人类的发展过程,给自己一生设定的任务就是要发现这个过程的运动规律,他们也以自己的智力和体力创造性地完成了这一任务。

1883年3月17日,恩格斯在马克思墓前的讲话中指出:"正像达尔文发现有机界的发展规律一样,马克思发现了人类历史的发展规律,即历来为繁芜丛杂的意识形态所掩盖着的一个简单事实:人们首先必须吃、喝、住、穿,然后才能从事政治、科学、艺术、宗教等等;所以,直接的物质的生活资料的生产,从而一个民族或一个时代的一定的经济发展阶段,便构成基础,人们的国家设施、法的观点、艺术以至宗教观念,就是从这个基础上发展起来的,因而,也必须由这个基础来解释,而不是像过去那样做得相反。"[①] 马克思恩格斯一生的理论著述是围绕探索人类社会发展规律这个宏大命题而展开的,共产主义理想是遵循社会发展规律而确立的,革命实践是按照社会发展规律而进行的。他们用唯物史观拨开了历史的重重迷雾,用革命行

---

① 《马克思恩格斯文集》第3卷,人民出版社2009年版,第601页。

动瓦解了以往臆想的神话,为把握人类发展趋势提供了科学的方法,为全人类的解放开辟了道路,探索人类社会发展规律的道路上耸立起一座马克思主义丰碑。

一、社会存在与社会意识的辩证运动规律

社会存在,即人的社会物质生活条件,它包括物质生产及生产方式,还包括地理环境和人口因素。其中,物质生产及生产方式是人类社会赖以存在和发展的基础,是人类一切活动的首要前提,它决定着社会的性质、结构和整个社会历史的发展变化,影响着人们的全部社会生活。地理环境和人口因素,是人类社会发展的必要条件,对社会发展始终起着制约作用,但是它们都不能脱离社会生产而独立地发生作用。社会意识是社会生活的精神方面,可以从不同角度将其划分为个人意识、群体意识、社会意识形态等,它们在社会发展中都有自己独特的功能。其中,一个社会的意识形态集中反映了占统治地位的阶级的意志,具有鲜明的阶级属性。

社会存在和社会意识是辩证统一的。首先,社会存在决定社会意识。社会意识是人们社会实践和物质交往的产物,人们只能意识到存在的事物。随着社会存在的发展变化,社会意识也将或早或迟地发生相应的变化。其次,社会意识反作用于社会存在。虽然社会意识决定于社会存在,但社会意识与社会存在并不是亦步亦趋的景影相随关系,落后的社会意识对社会实

践有阻碍作用,进步的社会意识对社会实践有促进作用。坚持两者的辩证统一关系就要求我们既要从客观实际出发思考问题、谋划发展,又要积极培育先进的思想文化,用先进的思想来指导和引领社会实践。

历史从哪里开始,认识就从哪里开始。有生命的个人的活动开辟了人类历史,而要维持人的生命存在,进行物质生产是必需的前提。人们的认识是对自身存在状况的意识,对物质生产活动的反映。因此,是社会存在决定社会意识,而不是社会意识决定社会存在。这是探寻人类社会发展规律的认识论基础,也是人类社会发展规律的基本内容。

二、物质资料的生产是人类社会发展的基础

马克思指出,人要维持自身生命存在与社会存在,就一时也离不开物质资料的生产。马克思以物质生产为切入口,科学揭示了社会发展一系列基本原理,超越了传统的历史哲学理论。

在《1844年经济学哲学手稿》中,马克思深受费尔巴哈人本主义的影响,在揭示人的本质时,把生产活动分为物质生产活动与精神生产活动,并将之统称为"产生生命的活动"。在这里,"物质生产"范畴还未被看作人们一切活动的基础,只是笼统地涉及人们的生产活动。当时以鲍威尔为代表的青年黑格尔派,从"自我意识"出发,割裂历史与人们的现实实践

活动,把历史归结为"精神""自我意识"运动的结果。对此,随着清算鲍威尔等人的思辨唯心史观进程的推进,马克思指出,人类历史的诞生地在"粗糙的物质生产"[1]之中,并且强调,"历史不过是追求着自己目的的人的活动而已"[2],而"历史活动是群众的活动"[3]。也就是说,此时马克思已经认识到群众是历史发展的主体。马克思已经从人类社会历史发展的角度对物质生产予以阐述。随后,马克思通过对资产阶级政治经济学的深入研究,结合自己在《神圣家族》中对物质生产的认识,从现实的人活动出发,指出:"人们为了能够'创造历史',必须能够生活。但是为了生活,首先就需要吃喝住穿以及其他一些东西。因此第一个历史活动就是生产满足这些需要的资料,即生产物质生活本身。"[4]随着历史的不断推进,物质生活资料的生产就构成了社会生活的基础,物质生产就与历史过程的必然性发生了联系,这种阐释方式标志着马克思从物质生产范畴研究人类社会历史规律的原理得到确立。以后,马克思在《〈政治经济学批判〉序言》、恩格斯在《反杜林论》等著作中,都着重阐发了物质生活资料的生产在人类社会发展过程中的决定性作用。甚至在马克思去世以后,恩格斯在《家庭、私有制和国家的起源》一书中,通过对"两种生产"的阐述,把关于物质

---

[1]《马克思恩格斯文集》第1卷,人民出版社2009年版,第351页。
[2]《马克思恩格斯文集》第1卷,人民出版社2009年版,第295页。
[3]《马克思恩格斯文集》第1卷,人民出版社2009年版,第287页。
[4]《马克思恩格斯文集》第1卷,人民出版社2009年版,第531页。

生产在社会历史发展中起决定作用的观点从私有制社会扩大到人类社会早期。

发现物质资料生产是人类社会发展的基础，为解开人类历史的奥秘提供了一把钥匙，为我们考察分析人类社会提供了科学的理论基础与方法论指导。它告诉我们，任何一个时代的生产力与生产关系状况都必须通过它的物质生产状况进行分析，包括上层建筑都要通过物质生产关系进行理解。毕竟，"人们在自己生活的社会生产中发生一定的、必然的、不以他们的意志为转移的关系，即同他们的物质生产力的一定发展阶段相适合的生产关系。这些生产关系的总和构成社会的经济结构，即有法律的和政治的上层建筑竖立其上并有一定的社会意识形式与之相适应的现实基础"[①]。改革开放以来，我国发生了翻天覆地的变化，这与始终坚持以经济建设为中心紧密相关，这是对物质生产是人类社会发展的基础的原理的自觉运用。

三、社会基本矛盾运动是历史发展的根本动力

人类社会为什么会发展？发展的规律是什么？马克思主义诞生之前，诸多思想家都在探寻人类社会发展的规律，有神学家从上帝的意志出发，有哲学家从"绝对观念"出发，但始终未能走出迷宫之门。直到马克思主义摆脱抽象的自我意识，从

---

① 《马克思恩格斯文集》第 2 卷，人民出版社 2009 年版，第 591 页。

现实的人出发，深入到生产方式与交换方式的变更中，到时代的经济中去寻找一切社会变迁以及政治变革原因，这一问题才得到了科学的解答。

马克思指出："历史随着人们的生产力以及人们的社会关系的愈益发展而愈益成为人类的历史。"[①]物质生产活动是发生在人与自然界之间的一种物质交换活动，物质生产不会创造历史的多样性，而物质生产与历史发展过程之所以能够联结，是因为有各种复杂社会关系的存在。因此，生产力以及由此联结的社会关系是历史发展过程中的两个重要方面。在社会关系中，最基本的关系是生产关系，而生产关系的总和构成了经济基础。除物质生产层面，还有精神文化层面以及政治法律层面的存在，该层面的内容被马克思概称为上层建筑。上层建筑主要分为政治的上层建筑与观念的上层建筑。

马克思主义指出，生产力与生产关系、经济基础与上层建筑在整个人类历史发展过程中始终处于矛盾运动状态。生产力与生产关系、经济基础与上层建筑之间的矛盾构成人类社会的基本矛盾，矛盾运动推动着人类社会的不断进步与发展。其中，生产力与生产关系的矛盾运动是其发展的根本动力，当人类进入阶级社会以后，生产力与生产关系之间的矛盾运动，在阶级领域表现为阶级之间的斗争，在这种意义上讲，阶级斗争是阶级社会发展的一个直接动力，而直接动力与根本动力共同作用，

[①]《马克思恩格斯文集》第10卷，人民出版社2009年版，第43页。

推动社会的发展。

生产力与生产关系、经济基础与上层建筑之间的矛盾运动构成了人类社会发展基本规律的内容。

第一，生产力决定生产关系，生产关系与生产力的发展相适应。首先，生产力决定生产关系。一方面，生产力决定生产关系的性质。马克思指出："手推磨产生的是封建主的社会，蒸汽磨产生的是工业资本家的社会。"[①] 有什么样的生产力就有什么样的生产关系。另一方面，生产力的发展决定生产关系的变化。马克思指出："为了不致失掉文明的果实，人们在他们的交往方式不再适合于既得的生产力时，就不得不改变他们继承下来的一切社会形式。"[②] 只有生产关系具有促进生产力发展并且能够为生产力提供强大的支持作用时，这种生产关系才能稳定。反之，生产关系就会根据相应的生产力状况改变自身。其次，一定生产关系形成之后，具有相对的稳定性与独立性，对生产力具有或是促进或是阻碍的反作用，当生产关系从根本上成为生产力的桎梏之时，就会发生社会生产方面的革命性变革，即新的生产关系取代旧的生产关系。可见，生产关系相对生产力而言，保持相对稳定，生产关系对生产力总是从基本适合到不相适合，再到新的基础上的再适合。生产力与生产关系的矛盾运动就这样循环往复，不断推进社会由低级阶段向高级

---

① 《马克思恩格斯文集》第1卷，人民出版社2009年版，第602页。
② 《马克思恩格斯文集》第10卷，人民出版社2009年版，第43—44页。

阶段发展。

第二，经济基础决定上层建筑，上层建筑与经济基础的发展相适应。首先，经济基础决定上层建筑。一方面，经济基础决定上层建筑的性质，因为无论何种形式的上层建筑都是为了适应经济基础的需要而产生的，"占统治地位的思想不过是占统治地位的物质关系在观念上的表现，不过是以思想的形式表现出来的占统治地位的物质关系"①。另一方面，经济基础决定上层建筑的变革，"随着经济基础的变更，全部庞大的上层建筑也或慢或快地发生变革"②。也就是说，上层建筑最初发展变化的动因以及发展方向都是由经济基础决定的。其次，上层建筑对经济基础具有一定的反作用，政治上层建筑与观念上层建筑通过自己强制与非强制的作用调控经济生活，或是阻碍或是促进社会发展。只有当上层建筑与自己的经济基础相适应时才会起到积极作用，反之，则起着一种消极作用。因此，上层建筑与经济基础的关系始终在适合与不适合的矛盾中循环变化，两者之间的矛盾始终处于产生、解决、再生产、再解决的不断运动之中，这种矛盾运动构成了上层建筑一定要适合经济基础状况的基本规律。

总之，马克思主义关于社会基本矛盾运动的规律解开了人类社会发展的历史之谜，为中国共产党人不断深化对社会发展

---

① 《马克思恩格斯文集》第1卷，人民出版社2009年版，第550—551页。
② 《列宁选集》第2卷，人民出版社1995年版，第424页。

规律的认识提供了重要的指导作用。党的十八大以来，我们党高度重视对唯物史观的学习和运用，领导人民统筹推进"五位一体"总体布局、协调推进"四个全面"战略布局，坚持以人民为中心的发展观，坚持和完善中国特色社会主义制度、推进国家治理体系和治理能力现代化，等等。这一系列战略部署和措施，都是对马克思主义社会基本矛盾运动规律的生动运用。正如习近平总书记所讲："只有把生产力和生产关系的矛盾运动同经济基础和上层建筑的矛盾运动结合起来观察，把社会基本矛盾作为一个整体来观察，才能全面把握整个社会的基本面貌和发展方向。"①

四、人民群众是历史的创造者

谁是历史的创造者？这是探究人类社会发展规律必须正视的基本问题，也是人类认识史上的一个难题。马克思主义为科学回答这一难题开辟了道路。

首先，马克思主义回答了"什么是历史"。"历史不过是追求着自己目的的人的活动而已。"这种活动在具体的时空中展开，形成了多姿多彩的民族史、地域史和社会生活诸领域的历史，但从整体上、本质上看，"历史什么事情也没做，它'不拥有任何惊人的丰富性'"，"正是人，现实的、活生生的

---

① 《习近平总书记系列重要讲话读本》，人民出版社2016年版，第282页。

人"①创造了历史,因此,马克思主义认为,人民群众是历史的创造者。

其次,马克思主义回答了"创造历史的是什么样的人"。是现实的人,即"不是处在某种虚幻的离群索居和固定不变状态中的人,而是处在现实的、可以通过经验观察到的、在一定条件下进行的发展过程中的人"②。现实的、基于自身需要从事实践活动的个人,其本质是社会关系的总和。现实的人以个体形式存在,但通过丰富的社会关系结合成"群体",正是这个群体即"人民群众"构成了历史发展的主体。因此,马克思恩格斯指出:"现实的人类的活动无非是由人的个体构成的群众的活动。"③

再次,马克思主义回答了"人民群众通过什么方式来创造历史"。人只有通过劳动才能解决自身的生存,"任何一个民族,如果停止劳动,不用说一年,就是几个星期,也要灭亡,这是每一个小孩子都知道的"④。劳动创造了宫殿,劳动创造了美,劳动创造了历史。劳动是人类的本质活动,一切参与社会劳动、对社会历史发展起推动作用的人们,都是人民群众。社会劳动是在既定的历史中展开的,人民群众也必然具有既定的社会属性;社会劳动是动态发展的,人民群众也是一个

---

① 《马克思恩格斯文集》第1卷,人民出版社2009年版,第295页。
② 《马克思恩格斯文集》第1卷,人民出版社2009年版,第525页。
③ 《马克思恩格斯文集》第1卷,人民出版社2009年版,第292页。
④ 《马克思恩格斯文集》第10卷,人民出版社2009年版,第289页。

历史变动的群体。

最后，马克思主义回答了"历史是怎样创造的"。恩格斯指出："历史是这样创造的：最终的结果总是从许多单个的意志的相互冲突中产生出来的，而其中每一个意志，又是由于许多特殊的生活条件，才成为它所成为的那样。这样就有无数互相交错的力量，有无数个力的平行四边形，由此就产生出一个合力，即历史结果，而这个结果又可以看做一个作为整体的、不自觉地和不自主地起着作用的力量的产物。因为任何一个人的愿望都会受到任何另一个人的妨碍，而最后出现的结果就是谁都没有希望过的事物。所以到目前为止的历史总是像一种自然过程一样地进行，而且实质上也是服从于同一运动规律的。"① 这就是说，"人们总是通过每一个人追求他自己的、自觉预期的目的来创造他们的历史，而这许多按不同方向活动的愿望及其对外部世界的各种各样作用的合力，就是历史"②。每个个体都按照自己现实的意图参与历史创造，但历史的结局不是某个人的意志的体现，而是人民群众意志的合力的结果。

总体来看，马克思主义证明了人民群众是历史的创造者，揭示了人民群众这一历史主体是社会生产力中最革命的因素，他们不仅是社会物质财富和精神财富的创造者，而且是社会变革的决定性力量。因此，是人民群众创造了历史，而

---

① 《马克思恩格斯文集》第 10 卷，人民出版社 2009 年版，第 592—593 页。
② 《马克思恩格斯文集》第 4 卷，人民出版社 2009 年版，第 254 页。

不是少数英雄人物创造了历史。中国共产党尊重人民群众的主体地位,坚持"一切依靠群众,一切为了群众,发展的成果让群众共享",这是尊重人民群众是历史创造者的规律的具体表现。

五、人与自然和谐相处

自然界是客观存在、运动、变化着的物质世界,人是自然界的产物,生存和发展于自然界,人与自然必须和谐相处。人与自然和谐相处的提出,是基于如下最基本的事实:第一,自然界是人的无机的身体,人是自然界长期演化的产物。"自然界是人为了不致死亡而必须与之处于持续不断的交互作用过程的、人的身体。所谓人的肉体生活和精神生活同自然界相联系,不外是说自然界同自身相联系,因为人是自然界的一部分。"① 第二,自然界是人类赖以生长的基础,人依赖自然界生活。没有自然界,没有感性的外部世界,人类什么也不能创造。我们说劳动是一切财富的源泉,"其实,劳动和自然界在一起才是一切财富的源泉,自然界为劳动提供材料,劳动把材料转变为财富"②。第三,人和自然之间是统一的关系,人是自然中存在的人,自然是与人相联系的自然。离开自然来抽象地谈人和

---

① 《马克思恩格斯选集》第1卷,人民出版社2012年版,第55—56页。
② 《马克思恩格斯选集》第3卷,人民出版社2012年版,第988页。

离开人来纯粹地谈自然，都是没有意义的。人们对待自然的态度，同样表现为对待人类自己的态度。这三个基本事实足以证明，"我们决不像征服者统治异族人那样支配自然界，决不像站在自然界之外的人似的去支配自然界——相反，我们连同我们的肉、血和头脑都是属于自然界和存在于自然界之中的"①，人类尊重自然、保护自然就是尊重自身和保护自身。

尊重自然保护自然，就要按照自然界的发展规律办事。而能否按规律办事受两个条件的制约，一是人们对自然规律的认识和把握程度；二是现实的人所赖以生存的物质条件和社会关系。这就要求我们在社会实践中自觉地、不断地去发现和认识自然界的发展规律，并不断地去完善各种社会制度和体制机制，用制度来理顺人与自然之间的统一关系，防止由于制度缺失或者扭曲而造成人对自然的破坏，从而达到人与自然和谐相处的状态。

六、社会发展规律的普遍性与实现形式的多样性

马克思主义认为，人类社会发展过程是先进生产力不断取代落后生产力的历史过程，社会基本矛盾运动是社会形态不断更替的内在依据与不竭动力，正是在社会基本矛盾推动下，人类社会不断由低级向高级发展，就如同自然规律一样。

---

① 《马克思恩格斯文集》第 9 卷，人民出版社 2009 年版，第 560 页。

但是，历史发展是丰富多彩的，社会发展的普遍性并不排除历史发展的多样性，而且在许多情况下是偶然性在为必然性开辟道路。

马克思深入研究了俄国社会的历史条件以后，在1882年为《共产党宣言》俄文版作的序言中指出："在俄国，我们看见，除了迅速盛行起来的资本主义狂热和刚开始发展的资产阶级土地所有制外，大半土地仍归农民公共占有。那么试问：俄国公社，这一固然已经大遭破坏的原始土地公共占有形式，是能够直接过渡到高级的共产主义的公共占有形式呢？或者相反，它还必须先经历西方的历史发展所经历的那个瓦解过程呢？对于这个问题，目前唯一可能的答复是：假如俄国革命将成为西方无产阶级革命的信号而双方互相补充的话，那么现今的俄国土地公有制便能成为共产主义发展的起点。"[①] 这个构想被后人称为马克思关于俄国可能跨越资本主义"卡夫丁峡谷"的思想。它阐明人类社会历史的发展并非单线式的，而是具有多样性，即人类社会发展的一般性规律并非指每一个国家与民族的发展都是千篇一律的，而是根据各国不同的实践条件，确定其不同的发展之路。比如，日耳曼民族就是从原始社会直接向封建社会过渡。但是值得注意的是，一个国家的社会形态的跃迁并不是没有条件的，而是由特定历史条件下生产力水平决定的。中国在封建社会晚期受到外国资本主义的侵略，逐步沦为半殖民

[①]《马克思恩格斯文集》第2卷，人民出版社2009年版，第8页。

地半封建社会，这一特殊的国情注定中国不能走资本主义道路。鉴于当时生产力发展水平的限制，中国也不可能直接成为社会主义国家，而是在完成新民主主义革命后建立新民主主义社会，再经由社会主义革命开辟中国特色的社会主义道路。历史证明，中国特色社会主义道路是适合中国国情的正确道路，是致力于实现最广大人民幸福的道路。所以，虽然各个国家的社会形态更替有民族特殊性，但是其跨越方向还是与人类社会总体发展进程具有一致性。

马克思主义关于人类社会发展具有普遍性与特殊性的原理，对我们认识社会历史发展规律具有重要的方法论意义。习近平总书记强调指出："世界上没有放之四海而皆准的具体发展模式，也没有一成不变的发展道路。历史条件的多样性，决定了各国选择发展道路的多样性。"[1]一个国家、民族的发展要根据本国的历史文化传统与特定的实践条件，而不是机械地抱守抽象的、永恒的人类社会形态更替的一般性规律，因为"鞋子合不合脚，自己穿了才知道"[2]。但是，一个国家、民族强调道路发展的独立性与自主性，不是意味着要逆时代潮流而动，而是立足于人类整体发展方向，适时扩大同各国利益的重合点，一起为人类的共同发展作出更大的贡献。

---

[1]《十八大以来重要文献选编》上，中央文献出版社2014年版，第699页。
[2]《十八大以来重要文献选编》上，中央文献出版社2014年版，第260页。

第三节　照亮人类社会的未来

马克思主义之所以行,不仅在于它是批判旧世界的锐利武器,而且在于它是照亮新世界的明灯。马克思恩格斯以唯物史观为基础,科学地预测了人类社会发展的未来前景,揭示了"资产阶级的灭亡和无产阶级的胜利是同样不可避免的"[①]历史趋势(简称"两个必然"),阐明了无产阶级的历史使命。

一、"两个必然"大趋势

马克思从物质资料生产出发,以商品分析为切入点,创立了劳动价值论。他在劳动价值论的基础上分析了资本主义生产过程,创立了剩余价值学说,揭示了资本主义生产方式中存在的不可克服的矛盾及其根源,得出了"两个必然"的结论,即资本主义必然灭亡、社会主义必然胜利。

第一,资本主义必然灭亡。

马克思恩格斯认为,资本主义生产方式内在矛盾的产生、发展决定了资本主义必然走向灭亡。资本主义生产方式从封建社会内部逐渐发展起来,经历了从家庭手工业到工场手工业再到机器大工业三个发展阶段。资本主义发展到机器大工业阶段

---

① 《马克思恩格斯文集》第 2 卷,人民出版社 2009 年版,第 43 页。

以后，生产的社会化程度日益提高，这大大提高了社会生产力，取得了人类社会物质生产前所未有的进步。马克思指出："资产阶级在它的不到一百年的阶级统治中所创造的生产力，比过去一切世代创造的全部生产力还要多，还要大。"[①] 马克思肯定了资本主义的进步性，肯定了这种以现代工业为特征的社会化大生产，也肯定了资本主义生产方式为人的个性全面发展创造的必要物质条件。

但需要注意的是，资本主义生产方式的进步是在资本主义私人占有制的框架内实现的，生产资料和劳动产品的占有都以私有制为前提。从事实际生产的人并不是生产资料的占有者，而是除了自身的劳动力之外没有什么可以出卖的无产阶级。劳动者生产的产品不为自己占有，而是被拥有资本的资本家占有，而占有生产资料的人却不从事直接的劳动生产。资本家成为占有他人劳动、劳动产品，以及剥削无产者的人。因此，社会化大生产和资本主义私有制之间便产生了对抗性矛盾，这个矛盾是生产力和生产关系的矛盾在资本主义生产方式中的集中表现。马克思恩格斯正是抓住了这个基本矛盾，深入考察资本主义社会的经济运动过程和阶级关系状况，得出了资本主义私有制必然为社会主义公有制所代替的科学论断。

马克思认为，从阶级关系来看，资本主义社会的基本矛盾集中表现为无产阶级和资产阶级的对立。在资本主义社会中，

---

① 《马克思恩格斯文集》第2卷，人民出版社2009年版，第36页。

资本家占有生产资料,压榨和剥削无产者,无产者只能将自己的劳动力作为商品出卖,以换取生活资料。当压迫达到一定程度的时候,数量占多数的无产者必然会联合起来反抗资产阶级的剥削和统治。从生产层面来看,资本主义社会的基本矛盾也表现为个别工厂中生产的有组织性与整个社会中生产的无政府状态之间的对立。在资本主义私人占有生产资料的条件下,资本家为了实现利润的最大化,在私人工厂里实现生产的有组织性和计划性;为了提高竞争能力,不断改进生产技术,降低生产成本。但市场竞争的无序性和无计划性,必然造成生产的无政府状态,由此带来的结果是经济危机的周期性爆发。在经济危机中,大量工人失业、经济萧条、生产过剩、通货膨胀,对社会生产力造成极大浪费和冲击。

经济危机的出现表明:"一方面,资本主义生产方式暴露出它没有能力继续驾驭这种生产力。另一方面,这种生产力本身以日益增长的威力要求消除这种矛盾,要求摆脱它作为资本的那种属性,要求在事实上承认它作为社会生产力的那种性质。"[1]因此,必须废除资本主义私有制,建立社会主义公有制,使生产资料和产品为全体社会成员所占有,这样才能实现有计划的社会生产。

第二,社会主义必然胜利。

马克思揭示了资本主义的基本矛盾,同时也强调了资本主

---

[1] 《马克思恩格斯文集》第9卷,人民出版社2009年版,第294页。

义的发展为社会主义的实现创造了物质前提。生产资料的社会占有之所以能够实现,是因为社会的发展已经具备了新的经济条件和阶级基础。新的经济条件就是现代生产力的发展,阶级基础就是现代无产者成为变革社会的主导力量。

首先,资本主义生产方式准备了社会共同占有生产资料的部分形式。马克思认为,资本家私人占有生产资料是对以自己劳动为基础的私有制的否定,并且大资本家对小资本家剥削这一过程本身就是对资本主义私有制的否定。具体而言,资本主义生产方式主要通过两种形式为生产资料的社会共同占有打下了基础。一种是股份公司。"那种本身建立在社会生产方式的基础上并以生产资料和劳动力的社会集中为前提的资本,在这里直接取得了社会资本(即那些直接联合起来的个人的资本)的形式,而与私人资本相对立,并且它的企业也表现为社会企业,而与私人企业相对立。这是作为私人财产的资本在资本主义生产方式本身范围内的扬弃。"[①] 另一种是"工人自己的合作工厂"。"工人自己的合作工厂,是在旧形式内对旧形式打开的第一个缺口,虽然它在自己的实际组织中,当然到处都再生产出并且必然会再生产出现存制度的一切缺点。但是,资本和劳动之间的对立在这种工厂内已经被扬弃。"[②]

其次,资本主义的生产方式为自己创造了掘墓人。也就是

[①]《马克思恩格斯文集》第 7 卷,人民出版社 2009 年版,第 494—495 页。
[②]《马克思恩格斯文集》第 7 卷,人民出版社 2009 年版,第 499 页。

说，资本主义的发展输送了无产阶级，为自身的灭亡创造了条件。"资本主义的生产才第一次创造出为达到这一点所必需的财富和生产力，但是它同时又创造出一个社会阶级，那就是被压迫的工人大众。他们越来越被迫起来要求利用这种财富和生产力来为全社会服务，以代替现在为一个垄断者阶级服务的状况。"① 生产资料的资本主义私人占有以及资本的增殖是资产阶级得以生存的关键条件，而雇佣劳动又是资本存在的重要条件。但是，雇佣劳动会促使工人通过结社而达到革命联合体，进而取代他们由于竞争而造成的分散状态。正如马克思所说的那样，"随着大工业的发展，资产阶级赖以生产和占有产品的基础本身也就从它的脚下被挖掉了。它首先生产的是它自身的掘墓人。资产阶级的灭亡和无产阶级的胜利是同样不可避免的"②。

此外，除了资本主义生产方式为无产阶级革命的必然胜利、社会主义和共产主义社会的必然到来提供了种种条件之外，共产主义之所以能胜利，还在于它本身是一个实现人自由而全面发展的社会。在这种自由人的联合体中，人能够消除各种依赖关系，真正成为他们的社会和自然的主人。"只是从这时起，人们才完全自觉地自己创造自己的历史；只是从这时起，由人们使之起作用的社会原因才大部分并且越来越

---

① 《马克思恩格斯文集》第3卷，人民出版社2009年版，第87页。
② 《马克思恩格斯文集》第2卷，人民出版社2009年版，第43页。

多地达到他们所预期的结果。这是人类从必然王国进入自由王国的飞跃。"①

当然,资本主义灭亡和共产主义胜利是一个长期的历史过程,并且还是充满曲折的过程。毕竟正如马克思所讲过的那样,无论哪一种社会形态,在它所容纳的全部生产力发挥出来之前,是绝不会灭亡的;而新的更高的生产关系,在它的物质条件在旧社会的胎胞里成熟之前,是决不会出现的。

总之,资产阶级在历史上曾经起过非常重要的革命性作用,但是资本主义生产方式有其内在矛盾,即生产社会化与生产资料资本主义私有制之间的矛盾,这个基本矛盾最终都会通过资产阶级与无产阶级之间的矛盾对立体现出来。其解决方式是通过无产阶级革命,无产阶级掌握政权,使资产阶级退出历史舞台,实现生产资料社会占有,进而建成一个每个人自由全面发展的社会。资本主义自身不可克服的矛盾及其演进决定了资本主义灭亡和无产阶级的胜利是同样不可避免的历史大趋势。

二、人的自由全面发展的新社会

马克思关于新社会的预测,是在深刻把握资本主义现实的基础上提出来的。也就是说,马克思对新社会的论述是资本主义发展到一定阶段的产物。"'资本主义生产本身由于自然变化

---

① 《马克思恩格斯文集》第9卷,人民出版社2009年版,第300页。

的必然性，造成了对自身的否定'；它本身已经创造出了新的经济制度的要素，它同时给社会劳动生产力和一切生产者个人的全面发展以极大的推动；实际上已经以一种集体生产方式为基础的资本主义所有制只能转变为社会所有制。"[①] 因此，取代资本主义社会的新社会——共产主义——是对资本主义社会的合理扬弃，是资本主义发展到一定阶段的必然结果，是在资本主义母体中逐渐成熟的。

严格来讲，马克思并未大量论及新社会的组织安排等问题，但任何一种革命行动的背后都存在某种革命愿景，这种愿景在马克思的著作中，主要体现在马克思对共产主义社会的基本特征以及本质规定的论述上。

首先，共产主义作为新的社会存在，它具有一系列的基本特征。

第一，生产力高度发达，物质财富极大丰富。共产主义社会的存在建立在生产力高度发达的基础之上，没有发达的生产力，人们对生活必需品的需求就无法满足，私有制就无法彻底消灭，人的解放更不可能实现；同时，在共产主义社会中，生产力的高度发达又为建立人们的普遍交往创造了条件，进一步促进了人的自由全面发展。

第二，生产资料社会占有。在共产主义社会中，生产资料社会占有，这是关于新社会首要的经济规定。在资本主义社会

[①]《马克思恩格斯文集》第3卷，人民出版社2009年版，第465页。

中，劳动者不能占有生产资料是人的发展出现畸形的根源。在资本主义充分发展的基础上，生产资料的社会化占有，实现劳动力和劳动条件在更高水平上的结合，是人获得自由全面发展的物质条件。

第三，按需分配生活资料。马克思认为，未来社会个人消费品的分配方式是"各尽所能，按需分配"。共产主义社会消灭了资本主义生产方式，全体社会成员共同占有生产资料，这是新的分配方式赖以存在的基本前提。需要注意的是，按需分配生活资料的提出同马克思对共产主义阶段的划分密切相关。马克思根据人类社会发展规律将共产主义划分为不同阶段，提出在不同阶段中适用不同分配方式的思想。在共产主义社会第一阶段，"每一个生产者，在作了各项扣除以后，从社会领回的，正好是他给予社会的。他给予社会的，就是他个人的劳动量"①，这就是按劳分配；在共产主义社会高级阶段，生产力已经发达到"集体财富的一切源泉都充分涌流"，"社会才能在自己的旗帜上写上：各尽所能，按需分配"②，这就是按需分配。

第四，社会生产计划调节。在共产主义社会中，生产资料社会占有为有计划地安排社会劳动、调节社会生产提供了基本前提。社会成员共同占有生产资料，个人劳动直接是社

---

① 《马克思恩格斯文集》第3卷，人民出版社2009年版，第434页。
② 《马克思恩格斯文集》第3卷，人民出版社2009年版，第436页。

会劳动,以商品为中介的社会生产和交换,将被计划调节所取代。当然,我们需要注意的是,商品经济被计划经济取代,将是一个漫长的历史过程。正如马克思所讲:"只有当社会生活过程即物质生产过程的形态,作为自由联合的人的产物,处于人的有意识有计划的控制之下的时候,它才会把自己的神秘的纱幕揭掉。这需要有一定的社会物质基础或一系列物质生存条件,而这些条件本身又是长期的、痛苦的发展史的自然产物。"①

当然,除了以上特征之外,马克思恩格斯还预测了共产主义社会的其他特征,如社会关系高度和谐、人的精神境界极大提高等。此外,马克思恩格斯还认为共产主义社会是一个社会成员高度自治的社会。随着阶级对立乃至阶级自身的消亡,作为缓和阶级矛盾、维持阶级统治的工具的国家也会消亡。当然,国家的消亡是以阶级的消灭和生产力的发展为条件的,要到共产主义的高级阶段才能实现。

其次,马克思对共产主义愿景的概述还体现在他对共产主义的本质规定上。

一个社会的本质规定是区别于其他社会形态的关键标志。马克思以人的自由而全面的发展对共产主义社会作了本质规定。马克思在《资本论》中指出,共产主义社会是"一个更高级的、以每一个个人的全面而自由的发展为基本原则的社

---

① 《马克思恩格斯文集》第5卷,人民出版社2009年版,第97页。

会形式"①。在《共产党宣言》中,他指出:"代替那存在着阶级和阶级对立的资产阶级旧社会的,将是这样一个联合体,在那里,每个人的自由发展是一切人的自由发展的条件。"②以每个人的自由而全面的发展为基本原则和根本价值追求,马克思从克服资本主义社会人的异化困境入手,勾勒出共产主义社会人的发展状态。

第一,在共产主义社会中,劳动者与生产资料直接结合,消除了资本对人的奴役。共产主义社会是要建立一个集体的、以共同占有生产资料为基础的社会。社会主义社会实行生产资料社会所有,任何人都不能凭借对生产资料的占有来剥削他人。因此,在公有制下,资本对人的奴役就不复存在。

第二,在共产主义社会中,人是物的主人,而不是人被物支配。在共产主义社会里,商品拜物教现象已经不存在,人对物的主人地位得以确立。马克思认为,人对物产生崇拜的原因是生产力不发达和劳动者与生产资料相分离,更为直接的原因是分配关系的不合理。而在共产主义社会中,集体财富的一切源泉都得到充分涌流,实行了各尽所能、按需分配。这样人就不会再陷入对商品、货币深深的崇拜状态。因为此时,产生商品拜物教和拜金主义的物质条件已经被彻底铲除。

第三,在共产主义社会中,人不再盲目地受制于规律,而

---

① 《马克思恩格斯文集》第5卷,人民出版社2009年版,第683页。
② 《马克思恩格斯文集》第10卷,人民出版社2009年版,第666页。

是规律的利用者。共产主义社会是一个"自由人联合体",联合体里的人们用公共的生产资料进行劳动,并且自觉地把他们的个人劳动力当作一个社会劳动力来使用。联合体的总产品是社会的产品,这些产品的一部分重新用作生产资料,另一部分则作为生活资料由联合体成员消费。"每个生产者在生活资料中得到的份额是由他的劳动时间决定的。这样,劳动时间就会起双重作用。劳动时间的社会的有计划的分配,调节着各种劳动职能同各种需要的适当比例。另一方面,劳动时间又是计量生产者在共同劳动中个人所占份额的尺度,因而也是计量生产者在共同产品的个人可消费部分中所占份额的尺度。"[①] 在那里,人们同他们的劳动和劳动产品的社会关系,无论在生产上还是在分配上,都是简单明了的,价值规律作用的盲目性就被消除,人从受规律的任意摆布中解放出来。

第四,在共产主义社会中,人是自由的个人。在共产主义社会,国家将随着社会分工、阶级对立的消亡而消亡,国家一切权力将回归社会。人人都能参加社会管理,都会很好地管理自己,整个社会是一个"自由人联合体",每一个人都成为管理者,也都是劳动者。这是在更高级的形式上实现的自由,是人的本质的真正回归。

总之,共产主义社会中的人是自由而全面发展的人。所谓自由而全面发展,就是指"使社会的每一个成员都能完全自由

---

① 《马克思恩格斯文集》第5卷,人民出版社2009年版,第96页。

地发展和发挥他的全部才能和力量,并且不会因此而危及这个社会的基本条件"①。人一旦摆脱了种种束缚,就实现了从必然王国到自由王国的飞跃,在那里,每个人的自由发展成了一切人自由发展的条件。

三、未来社会的发展阶段

关于未来社会,我们可以从广义与狭义两个层面进行理解。广义层面的未来社会,指的是所有在资本主义社会崩溃基础上建立起来的新的社会形式。狭义层面的未来社会指的是共产主义社会。在这里,我们讲的未来社会是狭义层面上的共产主义社会。

在马克思主义诞生之前,不乏思想家对社会主义予以描述。在世界社会主义500年历史的前300多年中,空想社会主义者对未来社会就提出了种种构想,仅以19世纪初期的三大空想社会主义者为例就足以证明。法国空想社会主义者圣西门提出未来社会建立在实业制度基础之上,人人都劳动,科学技术在生产中发挥重要作用,生产的目的是为了满足人的需要而不是为了金钱。法国另一位空想社会主义者傅立叶称,未来社会要建立一种以"法朗吉"为基本单位的和谐制度,那是一个完全符合人性、根据人的意愿构建起来的社会。英国空想社会

---

① 《马克思恩格斯全集》第42卷,人民出版社1979年版,第373页。

主义者欧文不仅提出未来社会是建立在公有制基础之上的和谐公社,而且还大胆地把设想付诸实践,到美国创办示范性的共产主义公社——和谐新村。但他们的思想都存在着明显的缺陷,都将理性与精神作为社会发展的基础,看不到无产阶级的斗争力量,最终都落入空想的窠臼。唯物史观与剩余价值学说的创立,使社会主义实现了从空想到科学的飞跃,打开了认识未来社会的科学视野。

在马克思那里,消灭私有制后建立起来的共产主义社会,同其他的社会形态一样,也会经历一个由低级到高级、由不成熟到成熟、由不完善到完善的过程。1875年,马克思在《哥达纲领批判》中,对未来社会的发展阶段作了大概推测。

一是革命转变时期或者政治上的过渡时期。马克思指出,"在资本主义社会和共产主义社会之间,有一个从前者变为后者的革命转变时期。同这个时期相适应的也有一个政治上的过渡时期,这个时期的国家只能是无产阶级的革命专政"[①]。《共产党宣言》和《法兰西内战》中描述的新社会,在一定程度上是处于这种革命转变时期。

二是共产主义的第一个阶段。马克思在《哥达纲领批判》中指出,共产主义第一个阶段是在资本主义基础上发展起来的,所以,它在经济、道德和精神方面都不可避免地带有资本主义的痕迹。这个阶段,个人消费品只能实行各尽所能、按劳分配

[①]《马克思恩格斯文集》第3卷,人民出版社2009年版,第445页。

的原则,"每一个生产者,在作了各项扣除以后,从社会领回的,正好是他给予社会的。他给予社会的,就是他个人的劳动量"①。这种分配原则实质上是不平等的,因为人与人之间的性别情况、家庭子女数量、兴趣等不同,所以,"在这里平等的权利按照原则仍然是资产阶级权利"②。

三是共产主义的高级阶段。在这个阶段,生产力获得了极大的提升,强制性分工消失,脑力劳动与体力劳动的对立消失,劳动成为人的第一需要;消费品资料的分配则是各尽所能、按需分配;阶级消亡,作为阶级统治的国家也将不复存在;人与自然、人与社会之间的矛盾不复存在,未来社会将是这样一个联合体,在那里,每个人的自由发展是一切人自由发展的条件。

后来,列宁根据马克思恩格斯关于未来社会发展阶段的论述,在《国家与革命》中指出,"社会主义同共产主义在科学上的差别是很明显的。通常所说的社会主义,马克思把它称做共产主义社会的'第一'阶段或低级阶段"③。同时,针对马克思恩格斯关于未来社会发展阶段中生产力发展状况的论述,列宁也承认,"生产力将以什么样的速度向前发展,将以什么样的速度发展到打破分工、消灭脑力劳动和体力劳动的对立、把劳动变为'生活的第一需要',这都是我们所不知道而且也不

---

① 《马克思恩格斯文集》第3卷,人民出版社2009年版,第434页。
② 《马克思恩格斯文集》第3卷,人民出版社2009年版,第434页。
③ 《列宁选集》第3卷,人民出版社2012年版,第199—200页。

可能知道的"①。

　　整体而言,马克思恩格斯对未来社会发展阶段的论述是开放性的。对于马克思恩格斯对未来社会发展阶段的划分,我们需要认识到,不管是处于革命转变时期的未来社会还是分为两个阶段的共产主义社会,它们的建立都需要以一定的生产力为前提。正如马克思恩格斯在《德意志意识形态》中所讲的那样,"生产力的巨大增长和高度发展""之所以是绝对必需的实际前提","因为如果没有这种发展,那就只会有贫穷、极端贫困的普遍化;而在极端贫困的情况下,必须重新开始争取必需品的斗争,全部陈腐污浊的东西又要死灰复燃。其次,生产力的这种发展之所以是绝对必需的实际前提,还因为:只有随着生产力的这种普遍发展,人们的普遍交往才能建立起来"②。

　　因此,从"共产主义是以生产力的普遍发展和与此相联系的世界交往为前提"这一基本原理出发,我们在建设社会主义国家时,一方面,需要根据本国国情,把发展生产力作为社会主义建设的根本任务。毕竟,生产力是社会发展深层次、最根本的决定性力量,没有生产力的高度发达和物质财富的极大丰富,就没有社会主义。在新中国成立之初,由于缺乏社会主义建设的经验,我们纵然有一个良好的开端,但在"以抓革命促

---

① 《列宁选集》第3卷,人民出版社2012年版,第197—198页。
② 《马克思恩格斯文集》第1卷,人民出版社2009年版,第538页。

生产"的方针指引下，也走了一些弯路。直到十一届三中全会之后，党和国家把工作重心转移到经济建设上来，使得我国社会生产力发展跃上一个新的台阶，大大巩固了社会主义国家的物质基础。面对来自国内外的各种挑战，尤其近年来新型冠状病毒肺炎疫情的肆虐，我国在"危"中求"机"，实现了长足的发展。这些历史充分证明，只有在社会生产力发展和物质财富丰富的基础上，社会主义制度的优势才能彰显。

另一方面，在社会主义建设过程中，我们要把促进人的自由而全面的发展作为社会主义建设的重要目标。社会主义是以人的自由而全面发展为价值目标的，离开了人这个社会主体，社会主义建设就失去了应有的价值。在社会主义建设过程中，遵循"促进人的全面而自由发展"的基本原则，首先，我们需要坚持以人为本，满足人民的需要。人是目的，物只是满足人全面发展的手段，不能只见物不见人。在解决人民温饱问题基础之上，不断提高人们的思想道德水平和科学文化水平，将社会主义现代化建设的战略安排同人民的需要紧密结合起来。其次，我们着重满足人全面发展的需要。中国特色社会主义建设"五位一体"总体布局的形成过程，充分反映了人的需要从低层次的生存需要向高层次的发展需要、享受需要的跃迁。目前，我国社会主要矛盾已经发生根本性的转化，我们党需要"在继续推动发展的基础上，着力解决好发展不平衡不充分问题，大力提升发展质量和效益，更好满足人民在经济、政治、文化、社会、生态等方面日益增长的需要,更好推动人的全面发展、社会全面进步"①。最后,我们在社会主义建设过程中需要意识到,纵然人的自由而全面发展是人的发展的最高目标,但从实践层面看,社会主义建设是在现有条件下不断向最高目标迈进的一个历史过程,绝对不是以现有条件向最高目标靠拢的过程。因此,我们需要辩证地看待"吃饭与建设"②的关系,在实践中,只有给人民群众切切实实的实惠,才能使他们在感受到社会主义价值的同时,紧跟党走,不断向人的自由而全面发展这个最高目标迈进。

---

① 《十九大以来重要文献选编》上,中央文献出版社 2019 年版,第 8—9 页。
② 牛先锋:《深化对社会主义建设规律的认识》,《科学社会主义》2020 年第 5 期。

第二章

接续的发展

马克思主义行，是与中国共产党能、中国特色社会主义好紧密联系在一起的。理论只要透彻，就能说服群众；而群众一旦有了先进的理论武装，就会焕发出强大的革命力量。马克思主义为什么行？一是因为马克思主义是一种科学的、说理透彻的、先进的理论，二是因为以马克思主义为指导，中国共产党诞生了，中国共产党在科学理论指导下带领全国各族人民，历经革命、建设和改革，使灾难深重的中华民族迎来了站起来、富起来、强起来的伟大历史性飞跃。马克思主义，始终站在时代的前沿，不断解答时代发展新课题、回应社会面临新挑战。每一个时代的理论思维"都是一种历史的产物，它在不同的时代具有完全不同的形式，同时具有完全不同的内容"（恩格斯语）。马克思主义的青春活力就在于它的实践性和开放性，在于它不把自己当作书斋里的学问，而是强调"人应该在实践中证明自己思维的真理性，即自己思维的现实性和力量，自己思维的此岸性"（马克思语）。马克思主义在中国扎根、成长，焕发出强大生命力，关键在于马克思主义在指导中国实践的过程中实现了与中国实际的结合、与中华优秀传统文化相结合，并在结合中与时俱进、创新发展。马克思主义在中国的接续发展，展现了强大的生命力，指导中国革命建设改革取得了巨大的成就，充分证明了马克思主义能行。

第一节　中国共产党的理论源泉

中国是人类文明的发源地之一，中华文明是世界上唯一自古延续至今、从未中断的文明。根据英国学者安格斯·麦迪森《世界经济千年史》中的统计，中国在19世纪前的很长一段时期里，国内生产总值能够达到世界经济总量的五分之一到四分之一，并且保持均衡。然而，当工业文明到来之时，当朝的中国统治者们仍然沉浸在"天朝上国"的幻梦之中，闭关自守、自绝于世，到19世纪中叶之时，面对西方列强的坚船利炮一败再败，昔日强大的帝国沦为半殖民地半封建社会。为了改变被动挨打、积贫积弱的局面，中国志士仁人积极探索救亡图存的道路，经历了洋务运动、维新变法、辛亥革命、五四新文化运动，进行了由学习西方的器物到制度，再到变革中国人的思想的艰难探索。俄国十月革命一声炮响，给中国送来了马克思主义，为苦难深重的中国人民指明了新方向、提供了新选择，点亮了中国人民前进的灯塔。

一、马克思主义传入中国

工业革命使"资产阶级在它的不到一百年的阶级统治中所创造的生产力，比过去一切世代创造的全部生产力还要多，还要大"①。借助工业革命的契机，西方资本主义国家实现了快速的崛起。反观古老的中国，却因长期的闭关锁国、盲目自大，在经历封建社会的最后一个繁荣阶段——"康乾盛世"后，最终落后于西方，成为列强欺凌的对象，并逐步沦为半殖民地半封建社会。

20世纪初期，在中国社会各阶层正在广泛寻求"中国向何处去"之时，伴随着西方译著逐渐传入中国，知识界开启了一场关于西方政治思潮的争论。一时间，国家主义、无政府主义、基尔特社会主义、社会达尔文主义、革命民主主义、自由主义等思潮风起云涌。但是，这些思潮最终都未能解决中国的问题。毛泽东对此曾有详细描述，他指出，"在这个反抗运动中，在一个很长的时期内，即从一八四〇年的鸦片战争到一九一九年的五四运动的前夜，共计七十多年中，中国人没有什么思想武器可以抗御帝国主义。旧的顽固的封建主义的思想武器打了

---

① 《马克思恩格斯文集》第2卷，人民出版社2009年版，第36页。

败仗了，抵不住，宣告破产了。不得已，中国人被迫从帝国主义的老家即西方资产阶级革命时代的武器库中学来了进化论、天赋人权论和资产阶级共和国等项思想武器和政治方案，组织过政党，举行过革命，以为可以外御列强，内建民国。但是这些东西也和封建主义的思想武器一样，软弱得很，又是抵不住，败下阵来，宣告破产了"①。

面对历史的坎坷，民族复兴之路必定荆棘遍野。在中国人因屡屡碰壁而茫然失措时，"第一次世界大战震动了全世界。俄国人举行了十月革命，创立了世界上第一个社会主义国家。过去蕴藏在地下为外国人所看不见的伟大的俄国无产阶级和劳动人民的革命精力，在列宁、斯大林领导之下，像火山一样突然爆发出来了，中国人和全人类对俄国人都另眼相看了。这时，也只是在这时，中国人找到了马克思列宁主义这个放之四海而皆准的普遍真理，中国的面目就起了变化了"②。俄国十月革命的伟大胜利，使先进的中国人看到了无产阶级革命的真理，看到了马克思主义理论指导实践的现实意义，看到了无产阶级是战胜帝国主义列强的坚实力量。十月革命将马克思主义的种子播撒到了中国大地之上，埋进了先进的革命战士心中。以毛泽东同志为主要代表的中国共产党人敏锐地认识到，只有用马克思主义的"矢"，射中国革命的"的"，形成"活"的马克思主

---

① 《毛泽东选集》第 4 卷，人民出版社 1991 年版，第 1513—1514 页。
② 《毛泽东选集》第 4 卷，人民出版社 1991 年版，第 1470 页。

义，才能指引中国革命取得胜利。

马克思主义在中国的传播，有其深刻的历史原因。

首先，俄国爆发十月革命前后，中国的工人阶级有了更进一步的壮大。据统计，"在五四运动前夕，中国产业工人已经达到260多万人。与此同时，工人运动有增无减。有记载的工人罢工，1916年为17次，1917年为21次，到1918年增至30次。罢工规模亦不断扩大，仅1918年就有8次1000人以上的大罢工"①。工人运动的发展表明，中国工人阶级已经初步觉醒，开始要求以独立的力量登上历史舞台，实现自身的政治诉求。

其次，中国当时迫切需要冲破思想禁锢，吸收和借鉴新思想。经世致用是传统中国知识分子普遍的诉求，正是这种实用主义的思维惯性，使得近代以来所有试图学习西方的探索，都建立在"能否解决中国实际问题"的基础之上。中国人民尝试过多种"主义"和"学说"，成立过多种政党和政治组织，但最终都没有成功。学习器物和制度的尝试，在中国均走向了失败，道路的失败引发了政治上的危机，而政治危机的背后，是更大的思想危机。当传统占主导地位的儒家思想已经无法适应中国变化了的政治环境之时，必须有一个为社会上大多数人所认可的理论或主义，来填补因思想缺失而引发的真空。这时，马克思主义出场了。先进的知识分子率先接受马克思主义，

---

① 郭德宏主编：《中国马克思主义发展史》，中共中央党校出版社2010年版，第18页。

并将它在中国传播开来。在历经"问题与主义"之争、"资本主义与社会主义"之争、"无政府主义与马克思主义"之争等几次大的思想争论后,中国社会各界开始逐渐了解并接受了马克思主义,认识到马克思主义是解决中国问题真正有用的科学理论。

最后,马克思主义在中国的传播有一定的组织基础。1920年3月,李大钊在北京大学创办了中国最早介绍和研究马克思主义的团体——马克思学说研究会,比较系统地介绍马克思主义学说,探讨中国社会如何改造的问题。同年7月,陈独秀在上海创立中国共产党的最初组织,李大钊在北京也创建了共产主义小组,形成"南陈北李,相约建党"的佳话。这一时期,武汉、长沙、广州、济南以及旅法、旅日青年也创建了中国共产党早期组织,为中国马克思主义的早期传播作了重要贡献。

以全国各地共产党小组为基础,在共产国际的指导,1921年7月,中国共产党第一次全国代表大会在上海法租界望志路106号(今上海卢湾区兴业路76号)召开。中共一大确立了党的名称和政治纲领。中共一大的召开,宣告了中国共产党的成立。中国共产党的成立是马克思主义与中国工人运动相结合的伟大创举,中国革命从此有了坚强的领导核心和科学的理论指导。

中国共产党自成立之始,就不断地在马克思主义的指导下,探寻中国社会的正确出路。在1922年7月党的第二次全国代表大会上,提出了党的最高纲领和最低纲领;最高纲领为"中国共产党是中国无产阶级政党。他的目的是要组织无产阶级，用阶级斗争的手段，建立劳农专政的政治，铲除私有财产制度，渐次达到一个共产主义的社会"①，最低纲领为"一、消除内乱，打倒军阀，建设国内和平；二、推翻国际帝国主义的压迫，达到中华民族完全独立；三、统一中国本部（东三省在内）为真正民主共和国；四、蒙古、西藏、回疆三部实行自治，成为民主自治邦；五、用自由联邦制，统一中国本部、蒙古、西藏、回疆，建立中华联邦共和国；六、工人和农民，无论男女，在各级议会、市议会有无限制的选举权，言论、出版、集会、结社、罢工绝对自由；七、制定关于工人和农人以及妇女的法律"②。

由此可见，到中共二大之时，中国共产党已经能够自觉地以马克思主义为指导，制定成熟的革命纲领，明确革命任务。

二、中国选择了马克思主义

第一次世界大战结束特别是俄国十月革命胜利之后，资本主义和社会主义成为世界两股强劲的潮流，半殖民地半封建社会性质的中国走什么样的道路实现民族复兴，成为摆在中国人民面前的问题。在反复的"主义"和"制度"比较中，中国共

---

① 《建党以来重要文献选编（1921—1949）》第一册，中央文献出版社2011年版，第133页。
② 《建党以来重要文献选编（1921—1949）》第一册，中央文献出版社2011年版，第133页。

产党和中国人民选择了马克思列宁主义，通过彻底的反帝反封建革命，推翻了"三座大山"，建立了中华人民共和国，使中国走上社会主义道路。马克思主义诞生于遥远的西方，缘何会漂洋过海在中国落地生根，成为中国共产党和中国人民的"主义"和信仰呢？

首先，资本主义道路在中国实践中处处碰壁，证明行不通。近代以来，中国不是没有进行过走资本主义道路的尝试，但资产阶级的改良方案在中国纷纷宣告失败。以康有为、梁启超为代表的资产阶级维新派无法将自己的政治理想付诸现实，之后辛亥革命的果实又被袁世凯窃取，中国半殖民地半封建社会的性质并没有得到改变。中国的政治环境和经济环境决定了资产阶级具有妥协性和软弱性，无法独立地建立资产阶级的政权。而西方列强的目的是要将中国变为输出商品的殖民地，其与封建势力有着千丝万缕的联系，对资本主义在中国的发展造成了很大的阻碍。

其次，马克思主义适应了当时中国革命的需要，在中国有一批坚定的信仰者。刘少奇曾说："我们要做马克思列宁主义创始人的最忠实、最好的学生。"[1] 中国共产党人是马克思主义坚定的信仰者、忠实的实践者。中国共产党成立之始，就肩负着领导中国人民进行民族革命和民主革命的任务，帝国主义、封建主义、官僚资本主义是压在中国人民头上的"三座大山"，

---

[1]《刘少奇选集》上，人民出版社1981年版，第108页。

要取得革命的胜利,实现民族独立、人民解放,必须推翻这"三座大山"。中国共产党人以马克思主义作为指导,以推翻"三座大山"、建立无产阶级政权为目标,建立自己的武装力量,确立"以农村包围城市、武装夺取政权"的革命道路。

再次,马克思主义在中国有一定的群众基础。倘若缺乏广泛的政治认同,任何一种学说和理论都难以成为指导思想。马克思主义传入中国后,经历过几次大的思想论战,使得愈来愈多的青年和群众逐渐了解和接受了马克思主义。在马克思主义的指导下,中国共产党成立,在领导中国革命取得胜利的进程中,除建立政权、扩大革命军队之外,始终保持着党与群众之间的血肉联系,通过土地革命和政治动员,发展群众基础。中国共产党在自身建设的过程中,真正做到了观群众之所观、想群众之所想、谋群众之所谋、利群众之所利。广大人民群众通过共产党人一心为人民的行为,真切感受到了党的宗旨,进而以党的信仰为信仰,以党的追求为追求,从此马克思主义在人民群众中扎下了根。

复次,马克思主义能够融合中华传统文化中的优秀成分。在任何一个先进的文明体中,文化的作用都是深层次的,因为它内在地决定着民族的性格,影响着国家发展的方向和道路。任何一种外来理论和学说,本身属于"舶来品",而这个"舶来品"要想融入一个国家或者一个共同体,在不了解本土现实情况、一味死守教条的前提下,是不可能扎下根来、成长壮大的。马克思主义能够在中国落地生根,其深层次原因就是很好地实现了与中华传统优秀文化的融合。

最后,马克思主义在实践中不断创新。马克思主义从来不是僵化的理论,也不是一成不变的教条,而是在实践中发展、在实践中丰富的理论。中国共产党人以马克思主义为指导,但决不固步自封,而是不断把它与中国革命建设改革的实践相结合,在实践中实现马克思主义的创新性发展,解决中国革命建设改革的实际问题,促进中华民族伟大复兴的事业,使马克思主义在中国焕发出强大的生命力。

总之,马克思主义是中国共产党的理论源泉,中国共产党以马克思主义为指导带领中国人民不断取得胜利的事实,充分证明了马克思主义在中国具有强大的生命力和影响力。

第二节　马克思主义中国化第一次飞跃

用马克思主义之"矢",射中国实际之"的",在实践中创造性地运用马克思主义,不断推进马克思主义中国化、时代化,是中国共产党人的伟大创造,亦是中国共产党永葆青春活力的理论根源。到目前为止,马克思主义传入中国后,历经三次大的飞跃。第一次飞跃发生在新民主主义革命时期,以毛泽东同志为代表的中国共产党人,把马克思主义与中国革命具体实践相结合,形成了马克思主义中国化的第一大理论成果——

毛泽东思想。在毛泽东思想的指导下，中国共产党人开辟了一条独特的革命道路，带领全国各族人民赢得了新民主主义革命的伟大胜利，建立了新中国。新中国成立之后，以毛泽东同志为主要代表的中国共产党人对社会主义革命和建设进行了艰辛探索，为中国特色社会主义的开创提供了宝贵经验、理论准备、物质基础。

一、马克思主义在新民主主义革命中的运用和发展

马克思主义中国化的过程与中国革命紧密相连。俄国十月革命直接影响了中国，它使中国人看到，无产阶级革命能够在经济文化相对落后的国家取得胜利，并且无产阶级能够掌握国家政权、建立社会主义国家。战争与革命是20世纪的主题，但是在中国进行战争和革命，首先必须分析中国革命的性质、目标、依靠力量、革命对象，进而走正确的革命道路。以毛泽东同志为代表的中国共产党人，立足于中国大地，灵活运用马克思主义的基本原理，对革命的基本问题进行了艰辛的探索。一方面在运用马克思主义指导中国革命的过程中，探索出了一条符合中国实际的革命道路；另一方面在中国革命中丰富和发展了马克思主义，实现了马克思主义与中国实际的有机结合，彰显了马克思主义在中国的强大生命力。

第一，"农村包围城市，武装夺取政权"革命道路的形成。

革命道路问题是革命的方法和形式问题。革命道路的选

择关乎革命的成败。中国共产党在成立早期将主要精力放在宣传"主义"、组织工人运动和党的组织建设上,没有建立一支独立的武装力量,没有争取革命的领导权,以致在蒋介石突然发动反革命政变时,束手无措,大革命遭遇失败。大革命的失败使中国共产党遭遇第一次严重挫折,中共党员损失将近70%。

1927年8月1日,周恩来、贺龙、叶挺、朱德、刘伯承等在南昌发动武装起义,打响了武装反抗国民党反动统治的第一枪。中国共产党从此走上了独立领导革命战争、建立人民军队和武装夺取政权的道路。1927年8月7日,中共中央在武汉召开紧急会议,在这次会议上确定了土地革命和武装反抗国民党反动派的总方针。毛泽东在会议上提出了"枪杆子里面出政权"的著名论断。"从前我们骂中山专做军事运动,我们则恰恰相反,不做军事运动专做民众运动。""以后要非常注意军事。须知政权是由枪杆子中取得的。"① 这是从大革命失败的教训中得出的正确结论。

中国共产党人刚开始进行武装斗争的时候没有经验,将夺取中心城市作为目标,因为无论是自马克思主义诞生以来的欧洲各国无产阶级革命运动,还是当时世界上第一个通过武装斗争建立全国政权的社会主义国家苏联,都是以中心城市为目标,这是当时中国革命唯一的参照。1927年大革命失败后,国民

---

① 《毛泽东文集》第1卷,人民出版社1993年版,第47页。

党凭借其强大的武装力量，占领了全国的大部分城市。他们在城市中大肆抓捕和屠杀共产党人和革命群众，破坏共产党的组织，革命力量受到致命打击。大革命失败后，党领导举行了大大小小100多次起义，如秋收起义、广州起义和其他许多地区的起义都以占领大城市为目标，但由于敌我力量的悬殊，这些起义大多数以失败告终。事实证明，在当时的客观条件下，中国共产党人不可能像俄国十月革命那样通过首先占领中心城市来取得革命在全国的胜利，党迫切需要找到适合中国国情的革命道路。为了保存有生力量，中国革命从进攻大城市转为向敌人统治力量薄弱的农村进军，建立了一块块革命根据地，在实践中对中国革命的新道路作出了有益探索。1927年10月，毛泽东率领秋收起义部队来到井冈山，建立了第一个农村革命根据地，在根据地进行土地革命，领导农民打土豪分田地，建立红色政权，实行工农武装割据，走出了一条以农村包围城市的正确革命道路。

但是，当时党内对建立革命根据地、走农村包围城市的道路并没有形成完全统一的认识。面对国民党反动派对根据地的频繁"围剿"，以及根据地物质匮乏、环境险恶的条件，党内一些人曾对革命前途悲观失落，发出"红旗到底打得多久"的疑问，一时间动摇了中国共产党人的革命志气和革命精神。为此，毛泽东在领导建立农村革命根据地之际，先后写下《中国的红色政权为什么能够存在》《井冈山的斗争》以及《星星之火，可以燎原》等著名篇章，从中国的国情和革命形势出发，分析了中国革命的客观规律和必然趋势，提出了工农武装割据思想，科学分析了中国革命的前途和命运，扫除了对革命前途的悲观主义情绪，鼓舞了人们的士气和决心。工农武装割据思想就是在中国共产党的领导下，把武装斗争、土地革命、建立农村革命根据地三者结合起来，这为大革命失败后工作重点的转移，走农村包围城市、武装夺取政权的道路奠定了基础。

然而，在20世纪20年代末期和30年代前期，党内出现把马克思主义教条化、把共产国际指示和俄国革命经验神圣化的错误倾向。中国革命又出现李立三"左"倾冒险主义和王明"左"倾教条主义的错误，他们仍坚持城市中心论，对毛泽东等坚持正确路线的同志进行"残酷斗争，无情打击"，剥夺了毛泽东对红军的指挥权。在中共临时中央"左"倾错误路线和共产国际军事顾问李德的军事冒险主义指挥下，红军在第五次反"围剿"中遭遇惨败。红军被迫长征，力量损失90%，历经艰苦斗争创建的革命根据地也基本丧失殆尽。

长征到达陕北以后，毛泽东深刻总结大革命和土地革命战争的经验教训，形成了关于农村包围城市、武装夺取政权的革命道路的系统理论。1936年底，毛泽东在《中国革命战争的战略问题》一文中指出，"列宁斯大林领导的苏联内战的经验是有世界的意义的。所有的共产党，中国共产党也同样，都是以这个经验和列宁斯大林对这个经验的理论综合作为指南的。但这并不是说，我们应该在我们的条件下机械地运用这个经验。

中国革命战争的许多方面都有其自己的不同于苏联内战的特点。不估计到这种特点,或否认这种特点,当然是错误的。这点在我们的十年战争中已经完全证明了"①。文中分析了中国革命战争的四个主要特点,得出了中国革命战争必胜,但不能速胜,革命具有长期性的结论。特别是对中国经济文化发展不平衡的分析,阐明了走农村包围城市的革命道路的国情依据,具有重要的理论意义。

抗日战争时期,毛泽东针对王明等人仍然只重视城市、不重视农村,以及"一切经过统一战线""一切服从统一战线"的右倾错误主张,再次强调了"枪杆子"对中国革命和中国共产党的重要性,以及中国革命必须走农村包围城市道路的必然性,形成了关于农村包围城市、武装夺取政权革命道路的完整理论。1938年11月6日,毛泽东在扩大的党的六届六中全会上作出结论:"共产党员不争个人的兵权(决不能争,再也不要学张国焘),但要争党的兵权,要争人民的兵权。现在是民族抗战,还要争民族的兵权。在兵权问题上患幼稚病,必定得不到一点东西。劳动人民几千年来上了反动统治阶级的欺骗和恐吓的老当,很不容易觉悟到自己掌握枪杆子的重要性。"②在《战争和战略问题》等文章中,他又进一步系统总结了我国土地革命战争的历史经验和抗日战争的新鲜经验,从中国半殖民

---

① 《毛泽东选集》第1卷,人民出版社1991年版,第186—187页。
② 《毛泽东选集》第2卷,人民出版社1991年版,第546页。

地半封建社会的国情出发，指出"在中国，主要的斗争形式是战争，而主要的组织形式是军队"，"共产党的任务，基本地不是经过长期合法斗争以进入起义和战争，也不是先占城市后取乡村，而是走相反的道路"[①]，即必须把工作的中心放在农村，在敌人统治薄弱的农村积蓄和发展力量，最后以武装斗争夺取政权。

在毛泽东的正确理论指导下，全党在抗日战争中自觉地走农村包围城市的道路，广泛开展游击战争，建立巩固的敌后根据地，成为抗日战争中的中流砥柱。党领导的革命力量也不断发展壮大，为夺取新民主主义革命的胜利奠定了基础。抗日战争胜利后，党充分估计了敌我力量的形势，认为革命力量仍处于弱势，不宜直接攻打大城市，决定继续走农村包围城市的道路，扎根农村，广泛发动群众，开展土地革命，不断巩固和壮大农村革命根据地。经过几年努力，农村革命根据地的范围不断扩大，逐渐形成了对城市的包围。在解放战争即将取得胜利之际，党中央及时做出了转移工作重心的决定。在1949年3月召开的七届二中全会上，毛泽东宣告："从现在起，开始了由城市到乡村并由城市领导乡村的时期。党的工作重心由乡村移到了城市。"[②] 党的工作重心的转移意味着中国共产党领导的民主革命已经取得决定性的胜利。

[①]《毛泽东选集》第2卷，人民出版社1991年版，第542—543页。
[②]《毛泽东选集》第4卷，人民出版社1991年版，第1427页。

"农村包围城市，武装夺取政权"道路的提出，是在同危害革命和革命战争有害倾向的斗争中，是在党领导中国革命遭遇许多挫折的惨痛教训和实践经验中，是在对中国国情和战争规律的把握中得出的正确结论，是全党和全国人民集体智慧的结晶，以毛泽东同志为主要代表的中国共产党人是这条道路的主要创造者。新民主主义革命道路，符合中国革命发展的规律，是中国革命走向胜利的唯一正确道路。"农村包围城市，武装夺取政权"道路的创立，既是毛泽东思想初步形成的标志，又是马克思主义在中国的创造性运用和发展。邓小平曾指出，"回想在一九二七年革命失败以后，如果没有毛泽东同志的卓越领导，中国革命有极大的可能到现在还没有胜利，那样，中国各族人民就还处在帝国主义、封建主义、官僚资本主义的反动统治之下，我们党就还在黑暗中苦斗"[①]。正是有了正确的理论的指导，中国革命迎来了光明前景，从一个胜利走向另一个胜利，最终建立了新中国。

第二，新民主主义理论的形成和发展。

中国共产党一经成立，就承担着领导中国人民进行反帝反封建斗争的历史任务。然而当时中国那样一个半殖民地半封建社会的大国，随着革命的展开，必然会遇到许多特殊的、复杂的问题。如中国社会和中国革命的性质、中国革命的领导力量、中国革命的方式、中国革命的动力、中国革命的前途等问题。

---

① 《邓小平文选》第 2 卷，人民出版社 1994 年版，第 148 页。

理论上保持清醒，实践上才能自觉。以毛泽东同志为代表的中国共产党人，以马克思列宁主义为指导，从中国的特殊国情出发，通过把握中国革命的特点和规律，创造性地提出了新民主主义理论，指导中国人民在争取民族独立和人民解放的斗争中实现了伟大胜利。1940年1月9日，毛泽东在陕甘宁边区文化协会第一次代表大会上，作了《新民主主义的政治与新民主主义的文化》的讲演；同年2月20日，这篇讲演稿以《新民主主义论》为题全文发表在延安出版的《解放》第98、99期合刊上。这篇文章比较系统地从理论上回答了这些重要问题，是新民主主义理论形成的重要标志。新民主主义理论是以毛泽东同志为主要代表的中国共产党人，把马克思主义的基本原理同中国的具体实际相结合，所取得的一个伟大理论成果。

关于基本国情问题。在一个国家搞革命，首先得弄清楚这个国家的基本国情。1939年，毛泽东在《中国革命和中国共产党》一文中指出，"中国革命的对象、中国革命的任务、中国革命的动力，这些都是由于中国社会的特殊性质，由于中国的特殊国情而发生的关于现阶段中国革命的基本问题"[①]。毛泽东十分重视对中国国情的研究，为此做了很多社会调查，了解中国社会政治经济状况，分析中国社会各阶级的状况，尤其调查研究中国农村的状况。认清国情，最根本的就是认清中国社会的性质。中国共产党成立后不久就初步揭示了中国社会半殖

---

① 《毛泽东选集》第2卷，人民出版社1991年版，第646页。

民地半封建的性质。蒋介石建立南京政府后，有人认为他建立的是"资产阶级为中心为领导的政权"。1928年，中共六大重申，中国革命现在的阶段是资产阶级性质的民权革命，如认为中国革命目前阶段已属于社会主义性质，是错误的。毛泽东在《中国革命和中国共产党》一文中对中国社会的性质作了全面系统论述，分析了中国半殖民地半封建社会的性质及特点。中国的社会性质决定了中国社会的主要矛盾必然是帝国主义和中华民族的矛盾，封建主义和人民大众的矛盾。认清了中国社会的性质，就为认清中国革命的性质、对象、任务、动力、前途和转变等一切革命的基本问题提供了依据。

关于中国革命的性质。中国共产党人对中国革命性质的认识经历了一个由不成熟到成熟的过程。1922年，中共二大根据列宁关于殖民地半殖民地国家革命的学说和中国社会的政治经济状况，制定了党的最高纲领和最低纲领，指出目前中国革命的任务是消除内乱，打倒军阀，建设国内和平；推翻国际帝国主义的压迫，达到中华民族完全独立；统一中国为真正的民主共和国。并据此认为，中国革命对内是资产阶级的民主革命，对外是民族革命。这就第一次明确地提出了彻底的反帝反封建的民主革命纲领，为中国各民族人民的革命斗争指明了方向。但是，中国共产党人在大革命时期出现了不要领导权的右倾错误，大革命结束以后，出现了想要直接建立工农民主专政的"左"倾冒险主义错误。抗日战争爆发以后，毛泽东在总结大革命、土地革命和抗日战争的经验中，深化了对中国革命性质的认识，从理论上系统阐述了中国革命中的基本问题。

在 1940 年前后发表的《〈共产党人〉发刊词》《中国革命和中国共产党》《新民主主义论》等著作中，毛泽东明确提出了"新民主主义革命"的概念。毛泽东指出，"既然中国社会还是一个殖民地、半殖民地、半封建的社会，既然中国革命的敌人主要的还是帝国主义和封建势力，既然中国革命的任务是为了推翻这两个主要敌人的民族革命和民主革命，而推翻这两个敌人的革命，有时还有资产阶级参加，即使大资产阶级背叛革命而成了革命的敌人，革命的锋芒也不是向着一般的资本主义和资本主义的私有财产，而是向着帝国主义和封建主义，既然如此，所以，现阶段中国革命的性质，不是无产阶级社会主义的，而是资产阶级民主主义的"[1]。同时，毛泽东指出了新民主主义革命和旧式的资产阶级民主主义革命的区别。在《新民主主义论》中，毛泽东系统回答了新民主主义之"新"：第一，从时间上来看，新民主主义革命并不是从鸦片战争以来就有了的，而是在第一次世界大战和俄国十月革命之后才形成的。第二，从所属革命来看，旧民主主义革命是旧的世界资产阶级民主主义革命的一部分；新民主主义革命属于世界无产阶级革命的一部分。第三，在领导力量上，旧民主主义革命的领导力量是资产阶级；新民主主义革命的领导力量是无产阶级，是在无产阶级领导之下的人民大众的反帝反封建的革命。第四，在指

---

[1]《毛泽东选集》第 2 卷，人民出版社 1991 年版，第 646—647 页。

导思想上，旧民主主义革命的指导思想是资产阶级的平等、自由思想和民主共和观念；新民主主义革命是以马克思主义为指导的。第五，在革命的前途上，旧民主主义革命以建立资产阶级民主共和国为目标；新民主主义革命是为了终结半殖民地半封建社会和建立社会主义，在完成民主革命任务后，还要进入社会主义社会。

关于中国革命的进程问题。1922年，中共二大已经初步提出中国革命分"两步走"的战略思想。1940年，毛泽东在《新民主主义论》一文中指出，旧中国是半殖民地半封建的畸形社会，这就决定了中国革命必须分两步走：第一步是新民主主义的革命，第二步是社会主义的革命，这是性质不同的两个革命过程。中国革命的第一阶段，"决不是也不能建立中国资产阶级专政的资本主义的社会，而是要建立以中国无产阶级为首领的中国各个革命阶级联合专政的新民主主义的社会，以完结其第一阶段。然后，再使之发展到第二阶段，以建立中国社会主义的社会，以完结其第一阶段"①。中国革命之所以需要分两步走，是因为：第一，这是由中国的社会性质决定的。第二，社会主义革命需要一定的社会经济条件，需要由新民主主义革命为之准备。没有新民主主义的政治、经济和文化，要想在半殖民地半封建的废墟上建立起社会主义社会只是空想。第三，任何一个革命都有其特定的任务、对象和发展的动力。如果想"毕

---

① 《毛泽东选集》第2卷，人民出版社1991年版，第672页。

其功于一役",革命的力量和条件将不完全具备,那么可能降低革命任务的完成度。中国革命分"两步走"的思想科学地指明了中国革命的战略步骤,是中国革命走向成功的关键。

关于新民主主义革命的总路线。革命的总路线是在特定历史时期制定的关于革命的目标、任务、途径、手段等的集中概括,对于统一全党的思想和行动、团结全国各族人民具有重大作用。毛泽东科学地提出了新民主主义革命的总路线。1939年12月,毛泽东在《中国革命和中国共产党》中指出,"所谓新民主主义的革命,就是在无产阶级领导之下的人民大众的反帝反封建的革命"①。1948年,毛泽东进一步指出,"中国现阶段革命的性质,是无产阶级领导的、人民大众的、反对帝国主义、反对封建主义和反对官僚资本主义的革命"②。这回答了中国新民主主义革命的领导、动力、对象、任务等一系列基本问题。无产阶级是受压迫最深重、革命最坚决、最有觉悟的阶级,又能与广大农民建立联盟,因此是革命的领导者和最基本的力量。农民主要是贫农和中农,是革命的主力军。无产阶级只有和贫农、中农结成巩固的联盟,才能领导革命取得胜利。小资产阶级,包括广大知识分子、小商人、小手工业者和自由职业者,也是革命的动力之一,是无产阶级可靠的同盟者。民族资产阶级对革命具有矛盾的态度,它有着反帝反封建的一面,又惧怕

---

① 《毛泽东选集》第2卷,人民出版社1991年版,第647页。
② 《毛泽东选集》第4卷,人民出版社1991年版,第1287页。

无产阶级的革命,因此,必须对其采取慎重的政策。革命的主要对象是帝国主义和封建主义,这就决定了中国革命的两大任务,即反帝和反封建。这两大任务既有区别又有联系。帝国主义是中国人民的第一大敌人,又是封建地主阶级的主要支持者,不推翻帝国主义的统治,就无法实现民族独立,就不能消灭封建地主阶级。新民主主义革命的总路线,科学地阐明了中国革命是一个什么样的革命,为中国新民主主义革命的胜利提供了指导。

关于新民主主义社会的纲领。在系统地提出新民主主义革命理论的同时,毛泽东还对新民主主义革命胜利后要建立的新民主主义社会进行了勾画,形成了关于新民主主义社会的理论。新民主主义社会的纲领包括政治纲领、经济纲领、文化纲领等方面,为新民主主义革命指明了具体奋斗目标。新民主主义的政治纲领是,在全国范围内建立无产阶级领导的以工农联盟为基础的人民民主专政的共和国。这个共和国既不同于旧式的、欧美式的、资产阶级专政的、资本主义的共和国,也不同于苏联式的、无产阶级专政的、社会主义的共和国。它采取各革命阶级联合专政的国体和民主集中制的政体。关于新民主主义经济的内容,毛泽东在《新民主主义论》中作了详细阐述,包括没收关乎国民经济的私营经济归国家所有、不禁止"不能操纵国民生计"的资本主义生产的发展、没收地主土地等。在1947年所作的《目前的形势和我们的任务报告》中,毛泽东明确提出了新民主主义革命的三大经济纲领,即没收封建阶级的土地归农民所有，没收垄断资本归新民主主义的国家所有，保护民族工商业。后来，毛泽东还根据中国的社会性质和经济发展状况提出了要发展工业，允许和利用资本主义发展，吸收外资等主张。新民主主义的经济纲领为中国共产党制定经济政策提供了依据，有利于新民主主义社会的经济建设。关于新民主主义的文化纲领，毛泽东指出，"所谓新民主主义的文化，就是人民大众反帝反封建的文化；在今日，就是抗日统一战线的文化。这种文化，只能由无产阶级的文化思想即共产主义思想去领导，任何别的阶级的文化思想都是不能领导了的。所谓新民主主义的文化，一句话，就是无产阶级领导的人民大众的反帝反封建的文化"，即"民族的科学的大众的文化"。① 新民主主义的文化纲领为新民主主义社会的文化建设提供了基本遵循。

新民主主义理论是以毛泽东同志为代表的中国共产党人把马克思主义基本原理同中国革命具体实际相结合的伟大创造，创造性地回答了在经济、文化落后的半殖民地半封建社会的中国如何进行革命以及革命胜利后如何实现向社会主义社会过渡的一系列根本问题，标志着毛泽东思想的成熟。新民主主义理论具有重大的理论意义和实践意义。

新民主主义理论提出了一个崭新的社会形态，即新民主主义社会，创新发展了马克思主义关于社会形态的理论。马克思主义关于社会形态的理论是基于西欧社会的发展提出的。毛泽

---

① 《毛泽东选集》第 2 卷，人民出版社 1991 年版，第 698、706 页。

东从中国特殊的国情出发，提出了既不是资本主义也不是社会主义，既有资本主义因素又有社会主义因素的特殊的社会形态，架起了从贫穷落后的半殖民地半封建社会通向社会主义社会的桥梁。

在这一理论的指导下，全党进一步明确了中国现阶段革命的性质、内容、领导权和发展前景，为引导中国人民自觉地在复杂环境中不断前进指明了方向，为赢得抗日战争和新民主主义革命的胜利提供了思想指导。

二、马克思主义在社会主义革命和建设中的运用和发展

在中国共产党的带领下，中国实现了民族独立、人民解放。中国人民从此站起来，中国发展也从此开启了新纪元。在社会主义革命和建设时期，中国共产党始终坚持将马克思主义基本原理同中国具体实际相结合，进行社会主义革命，实现了从新民主主义向社会主义的转变，推进了社会主义建设，为实现中华民族伟大复兴奠定了根本政治前提和制度基础。其中，我们党在社会主义革命和建设中灵活运用和发展马克思主义主要体现在以下几个方面。

第一，社会主义制度确立，实现从新民主主义到社会主义的历史性转变。

新中国成立以后，我们党面对着复杂的形势和种种考验，

采取了一系列积极稳健的政策措施，领导全国人民开始了建设新中国的伟大斗争。1949 至 1952 年，中国共产党带领全国各族人民为巩固人民民主政权而斗争，基本上完成了土地制度改革，还取得了抗美援朝战争的胜利。在该阶段，我们迅速恢复了国民经济，为向社会主义转变准备了条件。1953 年，我们党提出了在过渡时期的总路线，即在一个相当长的时期内，逐步实现国家的社会主义工业化，并实现国家对农业、手工业和资本主义工商业的社会主义改造。此外，第一个五年计划也开始施行。到 1956 年，我们基本上完成了对生产资料私有制的社会主义改造，基本上实现生产资料公有制和按劳分配，建立起社会主义经济制度。党领导确立人民代表大会制度、中国共产党领导的多党合作和政治协商制度、民族区域自治制度，为人民当家作主提供了制度保证。从此，社会主义基本制度得以确立。整体来讲，在该阶段，我们实现了从半殖民地半封建的旧社会到民族独立、人民当家作主的新社会，从新民主主义到社会主义的两个历史性转变。

第二，以苏为鉴，调动一切积极因素为社会主义事业服务。

1956 年，社会主义基本制度确立以后，"如何建设社会主义的经济、政治、文化"，"如何巩固发展社会主义"，成为摆在党和人民面前的一个历史性课题。我们根据马克思主义基本原理同中国具体实际相结合的原则，在总结自己的经验、借鉴国外的经验的基础上，于实践中摸索前行。以毛泽东同志为核心的党的第一代中央领导集体，在对"以苏为师"进行慎重思考之后，提出要"以苏为鉴"。因为毛泽东敏锐地察觉到苏联模式存在的一些问题，"特别值得注意的是，最近苏联方面暴露了他们在建设社会主义过程中的一些缺点和错误，他们走过的弯路，你还想走？过去我们就是鉴于他们的经验教训，少走了一些弯路，现在当然更要引以为戒"①。这说明，毛泽东已经意识到，中国建设社会主义不能机械地照搬照抄，应当走自己的路，独立探索适合中国国情的社会主义建设道路。以党的八大召开为标志，我们党对中国社会主义建设道路的探索取得了初步成果。

为了准备八大的召开，毛泽东等中央领导人经过大量的调研，在听取国务院35个部委关于工业生产和经济工作的汇报以后，逐步形成了一系列关于中国社会主义建设的看法，这一看法主要体现在1956年毛泽东在中央政治局扩大会议上作的《论十大关系》这篇讲话中。《论十大关系》提出了中国社会主义建设存在的十个方面的问题，即"十大关系"。其中，前五条是讨论经济问题，前三条实际上是要开辟一条与苏联模式有所不同的中国化工业道路。后五条主要探讨在政治生活和思想文化生活中调动各种积极因素的问题。整体而言，《论十大关系》提出了中国社会主义经济、政治建设的若干方针，强调了"努力把党内党外、国内国外的一切积极的因素，直接的、间接的

---

① 《毛泽东文集》第7卷，人民出版社1999年版，第23页。

积极因素,全部调动起来"①的基本方针。可以说,一方面,《论十大关系》是中国共产党艰难探索与中国具体实际相适应的社会主义建设道路的明证,为党的八大的召开作出了重要的思想理论准备;另一方面,《论十大关系》标志着我们党对怎样建设社会主义有了自己的新的认识,为今后的社会主义建设提供了一定的理论指导。毛泽东在回顾这段历史时曾多次说过:"一九五六年四月的《论十大关系》,开始提出我们自己的建设路线,原则和苏联相同,但方法有所不同,有我们自己的一套内容。"②

第三,明确国内主要矛盾,明晰两类不同性质的矛盾,丰富了社会主义基本矛盾学说。

1956年9月,党的八大在北京举行。会议根据我国社会主义改造基本完成后的形势,提出国内主要矛盾已经不再是工人阶级和资产阶级的矛盾,而是人民对于建立先进的工业国的要求同落后的农业国的现实之间的矛盾,人民对于经济文化迅速发展的需要同当前经济文化不能满足人民需要的状况之间的矛盾。全国人民的主要任务是集中力量发展社会生产力,实现国家工业化,逐步满足人民日益增长的物质和文化需要。此外,党的八大还提出在三个五年计划或者再多一点的时间内,在我国建成一个基本上独立的比较完整的工业体系和国民经济体

---

① 《毛泽东文集》第 7 卷,人民出版社 1999 年版,第 44 页。
② 《毛泽东文集》第 7 卷,人民出版社 1999 年版,第 369—370 页。

系，为社会主义现代化建设奠定重要的物质技术基础。"两弹一星"等国防尖端科技不断取得突破，国防工业从无到有逐步发展起来。可以说，在党的八大精神的引领下，我们取得了初步成果，意味着中国社会主义建设道路的探索有了一个良好的开端。

在我们党领导全国人民投身于社会主义建设之时，国际共产主义运动出现了大的波折，苏共二十大之后，波匈事件爆发。帝国主义趁机掀起了反苏反共反社会主义的浪潮，这一浪潮对我国造成了一定的冲击，国内出现了一些如群众闹事等未曾预料到的问题。这些复杂的新情况，向我们党发起了更大的挑战，"如何认识和处理社会主义社会矛盾的问题"成为全党特别是中央领导关心的重大课题。以毛泽东同志为核心的党的第一代中央领导集体深刻吸取苏联的经验教训，认真分析研究中国社会主义建设出现的新情况新问题，在调研的基础上，形成了关于社会主义社会矛盾的学说。毛泽东在1957年2月作的《关于正确处理人民内部矛盾的问题》的报告，系统论述了社会主义社会矛盾的理论。在《关于正确处理人民内部矛盾的问题》中，毛泽东指出，"在社会主义社会中，基本的矛盾仍然是生产关系和生产力之间的矛盾，上层建筑和经济基础之间的矛盾"[1]。毛泽东在阐述社会主义社会基本矛盾的基础上，还分析了社会主义社会存在的两类不同性质的矛盾即敌我

---

[1] 《毛泽东文选》第7卷，人民出版社1999年版，第214页。

矛盾和人民内部矛盾。毛泽东认为，必需严格区分和正确处理两类不同性质的矛盾，特别是正确处理已经居于主导地位的人民内部矛盾。毛泽东还提出了正确处理两类不同性质社会矛盾的基本方法。其中，用民主的方法解决人民内部矛盾，是一个总方针。总体而言，《关于正确处理人民内部矛盾的问题》是毛泽东探索社会主义建设的重要理论成果，他关于社会主义社会矛盾的学说，科学揭示了社会主义社会发展的动力，在一定程度上丰富了马克思主义的理论宝库，在马克思主义发展史上具有开创性的意义。这一学说为正确处理社会主义社会各种矛盾提供了基本的理论依据，为后来的社会主义改革奠定了理论基础。

总体来看，在这个时期，毛泽东尝试把马克思主义基本原理同中国具体实际进行"第二次结合"，以毛泽东同志为主要代表的中国共产党人提出了一系列重要的思想，这些思想理论为我国进行社会主义建设指明了方向。遗憾的是，党的八大形成的正确路线未能完全坚持下来，先后出现"大跃进"、人民公社化运动等错误，反右派斗争也被严重扩大。党在觉察到失误后，在纠正"左"倾错误方面做了诸多努力。经过全面调整，国民经济得到比较顺利的恢复和发展。但是，"左"倾错误并未得到彻底纠正，而是在政治和思想文化等领域发展。最终，毛泽东对当时我国阶级形势以及党和国家政治状况作出完全错误的估计，发动和领导了"文化大革命"。林彪、江青两个反革命集团利用毛泽东的错误，进行了大量祸国殃民的罪恶活动，给党、国家和人民带来了严重的损失。直到1976年10月，"四人帮"被粉碎，十年的"文化大革命"最终结束。

从新中国成立到改革开放前夕的这一段时间，我们党领导人民完成了社会主义革命，消灭了一切剥削制度，实现了广泛深刻的社会变革。纵然我们党在探索的过程中历经艰辛和曲折，但在这一过程中取得的一系列成果与成就为改革开放后的社会主义实践探索积累了经验并准备了条件。正如习近平总书记讲的那样："我们党领导人民进行社会主义建设，有改革开放前和改革开放后两个历史时期，这是两个相互联系又有重大区别的时期，但本质上都是我们党领导人民进行社会主义建设的实践探索。中国特色社会主义是在改革开放历史新时期开创的，但也是在新中国已经建立起社会主义基本制度并进行了20多年建设的基础上开创的。"①

三、马克思主义中国化第一次飞跃的重大理论成果

在中国共产党带领全国人民几十年艰苦奋斗的历史过程中，革命与建设的正反经验表明，坚持马克思主义的真谛在于将马克思主义基本原理与中国具体实际相结合。换言之，马克思主义中国化是取得中国革命和建设的重要保证。在中国共产

---

① 《习近平谈治国理政》第一卷，外文出版社2018年版，第22页。

党的历史上,毛泽东第一个明确提出了"马克思主义中国化"的科学命题和重大任务,通过实践阐明了马克思主义中国化的必要性与重要性,而且身体力行,成为马克思主义中国化的光辉典范,创立了毛泽东思想。毛泽东思想是马克思主义中国化的第一个重大理论成果,是马克思主义中国化第一次历史性飞跃的重大理论成果。毛泽东思想的形成也充分彰显了马克思主义与时俱进的理论品质和强大的生命力。

毛泽东思想是马克思列宁主义在中国的创造性运用和发展,是被实践证明了的关于中国革命和建设的正确理论原则和经验总结,是中国共产党集体智慧的结晶。毛泽东思想不是凭空产生的,它是在近代中国社会矛盾与人民斗争的不断深化中发展起来的。毛泽东思想是一个完整的科学理论体系,包含了诸多方面的内容。

第一,新民主主义革命理论。毛泽东从中国的历史状况和社会状况出发,深刻研究中国革命的特点和中国革命的规律,发展了马克思列宁主义关于无产阶级在民主革命中的领导权的思想,创立了无产阶级领导的,工农联盟为基础的,人民大众的,反对帝国主义、封建主义和官僚资本主义的新民主主义革命的理论。其中,毛泽东指出,统一战线、武装斗争和党的建设,是中国共产党在中国革命中战胜敌人的三大法宝。习近平总书记也指出:"当年,毛泽东同志总结革命斗争经验,把统一战线、武装斗争、党的建设概括为克敌制胜的'三大法宝',为我们取得新民主主义革命胜利发挥了重要作用,至今依然发挥着重要作用。"① 可以说，新民主主义革命理论是反映新民主主义革命客观规律的完备的理论形态。

第二，社会主义革命和社会主义建设理论。在新民主主义革命胜利以后，以毛泽东同志为核心的党的第一代中央领导集体采取了社会主义工业化和社会主义改造并举的方针，实行了逐步改造生产资料私有制的具体政策，进而确立了社会主义基本制度。在社会主义建设过程中，毛泽东提出了诸多正确的思想方针，比如人民民主专政的理论、社会主义基本矛盾的学说、调动一切积极因素为社会主义服务的思想等等，这些思想方针对中国特色社会主义道路的探索具有重要的指导意义。

第三，革命军队建设和军事战略的理论。毛泽东系统地解决了如何把以农民为主要成分的革命军队建设成为一支无产阶级性质的、具有严格纪律的、同人民群众保持亲密联系的新型人民军队的问题。毛泽东总结的军事原则及战略战术都是对马克思主义军事理论的丰富与发展，其军队建设思想为新中国成立以后加强国防建设提供了重要的理论指导。

第四，政策和策略的理论。毛泽东指出政策和策略是党的生命，在总结实践经验的基础上，提出了许多重要的政策和策略思想，比如战略上藐视敌人、战术上重视敌人，对待敌人要区别对待、分化瓦解，利用矛盾、争取多数、反对少数、各个击破，做到有理有利有节，等等。

---

① 习近平：《在党史学习教育动员大会上的讲话》，人民出版社2021年版，第17页。

第五,思想政治工作和文化工作的理论。在《新民主主义论》中,毛泽东指出:"一定的文化(当作观念形态的文化)是一定社会的政治和经济的反映,又给予伟大影响和作用于一定社会的政治和经济;而经济是基础,政治则是经济的集中的表现。"① 基于此,毛泽东提出了诸如"思想政治工作是经济工作和其他一切工作的生命线"的思想。毛泽东关于思想政治文化工作的许多理论观点,至今仍有重要意义。

第六,党的建设理论。毛泽东党的建设学说为建设一个具有广泛群众性的、马克思主义的无产阶级政党提供了理论指导。毛泽东不仅十分注重从思想上建党,而且还指出,理论联系实践的作风、密切联系群众的作风,以及批评和自我批评的作风是中国共产党区别于其他任何政党的显著标志。毛泽东的党建思想为马克思主义党建理论增添了许多内容,为中国共产党的建设指明了正确的方向。

当然,毛泽东思想绝不仅限于以上六个方面的内容,它还包含国际战略以及外交工作等方面的内容,这些都是党的宝贵精神财富。毛泽东思想还包括贯穿于上述六个方面内容的基本立场、观点和方法,体现为实事求是、群众路线、独立自主三个方面。这是毛泽东思想活的灵魂。

第一,实事求是是马克思主义的精髓,是我们党的思想路线。毛泽东同志在1941年《改造我们的学习》中指出:"'实事'

---

① 《毛泽东选集》第2卷,人民出版社1991年版,第663—664页。

就是客观存在着的一切事物,'是'就是客观事物的内部联系,即规律性,'求'就是我们去研究。"① 遵循实事求是的思想,毛泽东提出了一切从实际出发的工作方式,他强调:"我们要从国内外、省内外、区内外的实际情况出发,从其中引出其固有的而不是臆造的规律性,即找出周围事变的内部联系,作为我们行动的向导。而要这样做,就须不凭主观想象,不凭一时的热情,不凭死的书本,而凭客观存在的事实,详细地占有材料,在马克思列宁主义一般原理的指导下,从这些材料中引出正确的结论。"② 正是因为坚持了实事求是的思想路线,中国革命、建设、改革才不断从胜利走向更大的胜利。

第二,群众路线,就是一切为了群众,一切依靠群众,从群众中来,到群众中去,把党的正确主张变为群众的自觉行动。群众路线,是对马克思主义唯物史观中人民群众是历史的创造者这一基本原理的具体运用。"一切为了群众,一切依靠群众"体现了我们党的价值观,是我们党全心全意为人民服务宗旨的集中反映。毛泽东曾经强调,我们党"要全心全意为人民服务,不要半心半意或者三分之二的心三分之二的意为人民服务"③。习近平总书记要求:"全党必须牢记,为什么人的问题,是检验一个政党、一个政权性质的试金石。带领人民创造美好生活,是我们党始终不渝的奋斗目标。必须始终把人民利益摆

---

① 《毛泽东选集》第3卷,人民出版社1991年版,第801页。
② 《毛泽东选集》第3卷,人民出版社1991年版,第801页。
③ 《毛泽东文集》第7卷,人民出版社1999年版,第285页。

在至高无上的地位,让改革发展成果更多更公平惠及全体人民,朝着实现全体人民共同富裕不断迈进。"①"从群众中来,到群众中去"体现了我们党的工作方法,反映的是如何实现全心全意为人民服务的宗旨。我们党反复强调,要深入群众,调查研究,必须自觉拜人民为师,向能者求教、向智者问策,必须做好了解民情、反映民意、集中民智、珍惜民力、赢得民心的工作。群众路线是我们党的生命线和根本工作路线,也是我们党永葆青春活力和战斗力的关键。

第三,独立自主是我们党在长期的革命实践中得出的基本经验。世界上没有放之四海而皆准的具体发展模式,也没有一成不变的发展道路。因此,各国在选择发展道路时必须依据本国的国情采取适合自己的方案。独立自主是一种民族自信的表现,就像毛泽东所说:"我们中华民族有同自己的敌人血战到底的气概,有在自力更生的基础上光复旧物的决心,有自立于世界民族之林的能力。"②如果没有独立自主,一味地效仿、屈从于他者,势必导致"邯郸学步",甚至沦为他人的附庸。坚持独立自主,就要立足本国发展的实际,不能数典忘祖,不能照抄照搬别国的发展模式,绝不接受任何外国颐指气使的说教;坚持独立自主,就要反对世界霸权,维护世界和平,在和平共

---

① 习近平:《决胜全面建成小康社会 夺取新时代中国特色社会主义伟大胜利——在中国共产党第十九次全国代表大会上的报告》,人民出版社2017年版,第44—45页。
②《毛泽东选集》第1卷,人民出版社1991年版,第161页。

处五项原则基础上同各国友好相处；坚持独立自主，就要保持国家主权的独立性，维护国家的各种利益，绝不允许任何人把他们的意志强加于中国人民。历史已经证明并将继续证明，一个国家只有始终坚持独立自主，才能屹立于世界民族之林。

总而言之，毛泽东思想是我们党的宝贵财富，它将长期指导着我们的行动。这一思想理论在马克思主义理论宝库以及中国社会主义建设中分别具有重要的历史地位和指导意义。

首先，毛泽东思想是马克思主义的重大发展，丰富了马克思主义理论宝库，是马克思主义中国化的第一个重大理论成果。毛泽东作为马克思主义中国化的伟大开拓者，他为实现马克思主义中国化进行了艰苦探索，使马克思主义在中国生根、开花、结果。比如，在中国革命道路方面，毛泽东领导人民走出了一条农村包围城市、武装夺取政权的革命道路，实践也证明了这条道路的唯一正确性；在党的建设方面，他深知我们党长期扎根在农村，党员主体是农民而不是工人阶级，农民不同于工人，这一群体具有一定优点同时又具有特定缺点。面对这一党情，毛泽东提出思想建党的一系列学说。此外，毛泽东在人民游击战争、关于正确处理人民内部矛盾和文化建设方面都形成了独特的思想。可以说，毛泽东思想以独创性的理论丰富和发展了马克思列宁主义。此外，毛泽东的语言具有通俗化特征，其背后蕴含着深刻的道理，同时，他的语言极具民族特色，深受广大人民群众喜爱。这一独特的语言风格给新时期坚持党的理论创新、推进马克思主义大众化以重要启迪。总体而言，毛泽东思想所体现出来的马克思主义中国化的基本原则和基本方法，时刻指引着我们党在新时期不断开辟马克思主义中国化的新境界。

其次，毛泽东思想是中国革命和建设的科学指南。毛泽东思想是被实践证明了的关于中国革命和建设的正确的理论原则和经验总结。革命时期，在毛泽东思想指导下，我们找到了一条新民主主义革命的正确道路。回顾中国革命的历史可以发现，在大革命失败、党处于生死存亡的关键时刻，正是有毛泽东创立的"工农武装割据""农村包围城市、武装夺取政权"的指引，中国共产党才开辟了井冈山等农村革命根据地，在星火燎原之势的鼓舞下，开展了轰轰烈烈的土地革命。也正是在毛泽东灵活机动的战略战术思想指导下，红军才有了四次反"围剿"的军事胜利，保卫了根据地和红色政权。第五次反"围剿"之所以失败，是因为博古等人违背了毛泽东正确的军事思想，致使党的事业遭受近乎灭顶之灾。1935年遵义会议的召开，确立了毛泽东在党中央和红军中的领导地位，实现了党的历史上的伟大转折，挽救了党，挽救了军队，挽救了中国革命。抗日战争时期，正是在毛泽东思想指导下，党领导下的军队才能最终打败日本侵略者，又经过人民解放战争迅速打败了国民党反动派，建立了新中国，实现了民族独立和人民解放。此外，毛泽东关于社会主义建设的基本观点，至今仍具有重要的现实指导作用。比如，走中国工业化道路、扩大社会主义民主、正确处理两类不同性质的矛盾的思想等，对于建设和发展中国特色社会主义仍然具有十分重要的指导意义。

最后，毛泽东思想是中国共产党和中国人民宝贵的精神财富。纵然我们当今时代与毛泽东思想形成时期的历史条件不同，面临的历史任务也存在很大不同，但这并不会降低毛泽东思想的价值。毛泽东思想蕴含的基本原理及基本方法对我们中国乃至世界都具有重要的指导意义。尼克松曾经说过，毛主席的著作，推动了一个民族，改变了整了世界。毛泽东倡导的中华民族重新屹立于世界民族之林的远大理想，依然是今天中国人民不断前行的精神动力，毛泽东思想将不断指导着我们前进。

在正确认识毛泽东思想的历史地位的基础上，我们必须继续坚持毛泽东思想的指导地位，认真学习和运用它的立场、观点和方法来研究实践中出现的新情况，解决新问题。当然，在这一过程中，我们需要辩证地看待毛泽东的思想和毛泽东思想这一问题。我们不能因为社会主义建设道路的探索发生过曲折，就否认毛泽东思想的科学价值，否认毛泽东思想的指导作用，这种态度是完全错误的。我们需要把经过长期历史检验成为科学理论的毛泽东思想，同毛泽东晚年犯的错误区别开来。总之，我们应该珍视在中国革命和建设的过程中把马克思主义基本原理和中国具体实际相结合、同中华优秀传统文化相结合的一切积极成果，在实践中运用发展这些成果，丰富我们党的理论宝库，促使我们的事业沿着正确的轨道继续前进。

第三节　改革开放中马克思主义中国化新的飞跃

　　进入 20 世纪 70 年代末，世界格局发生了显著改变，政治多极化、经济全球化和科技信息化加速发展，国家之间既有合作又有竞争，国际上热点地区仍然存在，热点事件和冲突还在发生，但大规模的世界战争不会爆发，和平与发展成为时代主题。面对世界形势日新月异的变化，尤其是现代科学技术的快速发展，不以新的思想、观点去继承、发展马克思主义，就很难解决中国发展面临的问题。当时，我国亟需结束"文革"的动乱，快速恢复经济建设和政治生活秩序。以党的十一届三中全会召开为标志，以邓小平同志为主要代表的中国共产党人，在正确分析国际发展形势和总结我国历史经验教训的基础上，坚持解放思想、实事求是，推动马克思主义基本原理与中国实际相结合，带领全国人民开启了改革开放的新征程。在改革开放中，成功开辟了一条中国特色社会主义新道路。时代在发展，实践在深化，理论创新也在不断跟进。中国共产党人把马克思主义的理论逻辑与中国社会发展的现实逻辑相统一，在实践中不断推进党的理论创新，相继形成了邓小平理论、"三个代表"重要思想、科学发展观，实现了马克思主义中国化新的飞跃，把马克思主义推到了一个新的境界，向世人证明了马克思主义在中国具有强大的生命力和感召力，以铁的事实证明了只有中国特色社会主义才能发展中国。

一、中国特色社会主义的开创

1978年12月,党的十一届三中全会召开,果断结束了"以阶级斗争为纲"的政治路线,重新确立了解放思想、实事求是的思想路线,作出把党和国家工作中心转移到社会主义现代化建设上来、实行改革开放的历史性决策,从此中国进入了改革开放和社会主义现代化建设的新时期。改革开放以来,中国共产党人把马克思主义基本原理同中国的具体实际相结合,在建设中国特色社会主义新的伟大实践中形成了一系列马克思主义中国化的新成果,使中国大踏步赶上了时代发展潮流,实现了中华民族从站起来到富起来的伟大飞跃。

邓小平理论是中国特色社会主义理论体系的奠基之作,它是在和平与发展成为时代主题的历史条件下,在我国改革开放和现代化建设的实践中,在总结我国社会主义胜利和挫折的历史经验并借鉴其他社会主义国家兴衰成败的历史经验的基础上,逐步形成和发展起来的。实践证明,邓小平理论是指导中国人民在改革开放中推进社会主义现代化的正确理论。对于邓小平理论这一新的科学体系,党的十五大报告中作出了概括:解放思想、实事求是贯穿其中的思想路线;"什么是社会主义、怎样建设社会主义"是贯穿其中的主题;围绕这个主题,科学回答了建设中国特色社会主义的一系列基本问题;制定了到二十一世纪中叶分三步走、基本实现社会主义现代化的发展战略,成功开创了中国特色社会主义。

解放思想、实事求是是我们党的思想路线，也是邓小平理论的精髓。它贯穿于邓小平理论形成和发展的全过程，贯穿于邓小平理论的各个方面。党的思想路线问题，其实质就是一个党用什么样的世界观、方法论去认识世界、改造世界的问题。中国革命和社会主义建设的实践经验表明：只有坚持正确的思想路线，才能贯彻正确的政治路线和组织路线，并执行正确的战略和策略；才能在历史转折的重大关头，经受住时代的挑战和考验，引导革命和建设事业走向胜利。"文革"结束以后，党和国家站在了何去何从的重大十字路口。在此背景之下，以邓小平同志为代表的中国共产党人，果断摒弃了"两个凡是"的方针，努力冲破思想禁锢，领导并支持全国范围内开展以真理标准问题大讨论为先导的思想解放运动。真理标准问题大讨论，为党的十一届三中全会的召开作了充分的思想准备，揭开了新时期解放思想的序幕，促进了思想路线、政治路线、组织路线上的拨乱反正。党的十一届三中全会召开前夕，我们党召开了中央工作会议，在会议闭幕式上，邓小平作了题为《解放思想，实事求是，团结一致向前看》的重要讲话，这篇讲话是十一届三中全会的主题、改革开放的宣言书、具有历史转折意义的光辉文献之一，极大地丰富和发展了党的思想路线。正是在思想解放的背景下，党的十一届三中全会提出将全党的工作中心转移到经济建设上来，实行家庭联产承包责任制、发展乡镇企业、创办经济特区、引进外资等，由此开辟了我国社会主义事业发展的新时期。

"什么是社会主义"要回答的是社会主义的本质问题。对于这一问题，邓小平没有给出直接答案，他首先从不是社会主义的因素出发，纠正了对社会主义的错误认识。他指出："贫穷不是社会主义，社会主义要消灭贫穷。不发展生产力，不提高人民的生活水平，不能说是符合社会主义要求的。"① 发展慢也不是社会主义，他认为马克思主义最注重发展生产力，"社会主义阶段的最根本任务就是发展生产力，社会主义的优越性归根到底要体现在它的生产力比资本主义发展得更快一些、更高一些，并且在发展生产力的基础上不断改善人民的物质文化生活"②。1992年初，邓小平在南方谈话中对社会主义的本质作了理论概括，指出："社会主义的本质，是解放生产力，发展生产力，消灭剥削，消除两极分化，最终达到共同富裕。"③ 这一论断体现了马克思主义生产力和生产关系的辩证关系原理，既包含了社会主义社会解放和发展生产力的问题，又囊括了以社会主义生产关系为基础的社会关系问题，把我们党对社会主义的认识提高到一个新的科学水平。

对于"怎样建设社会主义"这一问题，邓小平理论作出了如下主要回答。

第一，坚持解放思想、实事求是的思想路线。邓小平指出："实事求是，是无产阶级世界观的基础，是马克思主义的思想

---

① 《邓小平文选》第3卷，人民出版社1993年版，第116页。
② 《邓小平文选》第3卷，人民出版社1993年版，第63页。
③ 《邓小平文选》第3卷，人民出版社1993年版，第373页。

基础。过去我们搞革命所取得的一切胜利，是靠实事求是；现在我们要实现四个现代化，同样要靠实事求是。"① 实事求是与解放思想是相统一的，事物是不断发展的，要实事求是地认识变化着的事物，就不能从本本和教条出发，而要解放思想。邓小平指出："一个党，一个国家，一个民族，如果一切从本本出发，思想僵化，迷信盛行，那它就不能前进，它的生机就停止了，就要亡党亡国。"② 邓小平把思想路线上升到关乎国家前途命运的高度，足见思想路线在社会主义建设中的重要性。

第二，坚持社会主义初级阶段理论。党的十一届三中全会以后，我们党对基本国情进行了科学分析。党的十三大明确提出我国处于社会主义初级阶段的重大判断，并指明社会主义初级阶段是特指我国在生产力落后、商品经济不发达条件下建设社会主义必然要经历的特定阶段，即从我国进入社会主义到基本实现社会主义现代化的整个历史阶段。社会主义初级阶段包含两层含义：第一，我国已经进入社会主义社会，必须坚持而不能离开社会主义。第二，我国的社会主义社会还处在不发达的阶段（发展程度），必须正视而不能超越初级阶段。社会主义初级阶段理论明确了我国社会发展所处的历史方位，使我们党对社会主义建设的长期性、艰巨性和复杂性有了更加清醒的认识，从而为我国社会主义现代化建设提供了总依据。

---

① 《邓小平文选》第 2 卷，人民出版社 1994 年版，第 143 页。
② 《邓小平文选》第 2 卷，人民出版社 1994 年版，第 143 页。

第三，坚持党在社会主义初级阶段的基本路线不动摇。党在社会主义初级阶段的基本路线，即"领导和团结全国各族人民，以经济建设为中心，坚持四项基本原则，坚持改革开放，自力更生，艰苦创业，为把我国建设成为富强、民主、文明的社会主义现代化国家而奋斗"①。坚持党的基本路线，就必须坚持"一个中心，两个基本点"，通过紧紧围绕经济建设这个中心，把四项基本原则同改革开放有效衔接。党的基本路线高度概括了党在社会主义初级阶段的奋斗目标、基本途径、根本保证、领导力量和依靠力量，为发展中国特色社会主义提供了基本遵循。

第四，坚持改革开放。改革开放是邓小平理论的重要组成部分，是新时期最鲜明的特点，也是我国发展取得一切成就和进步的重要原因。改革是社会主义制度的自我完善，是社会主义社会发展的直接动力。改革的目的在于解放生产力、发展生产力。"过去，只讲在社会主义条件下发展生产力，没有讲还要通过改革解放生产力，不完全。应该把解放生产力和发展生产力两个讲全了。"②邓小平关于改革既是解放生产力又是发展生产力的思想是对马克思生产力理论的一大发展。开放也是改革，是发展生产力的必然要求，对外开放是实现社会主义现代化的必要条件。

---

① 《十三大以来重要文献选编》上，人民出版社1991年版，第15页。
② 《邓小平文选》第3卷，人民出版社1993年版，第370页。

第五，坚持发展和完善社会主义市场经济。1992年，邓小平在南方谈话中，针对当时社会上存在的离开生产力而空洞抽象地谈论姓"资"姓"社"的历史唯心主义观点，提出了"两个不等于"的论断："计划经济不等于社会主义，资本主义也有计划；市场经济不等于资本主义，社会主义也有市场。计划和市场都是经济手段。"①这一理论说明了以下三个方面的内容：一是计划经济和市场经济不是划分社会制度的标志，计划经济不等于社会主义，市场经济也不等于资本主义；二是计划和市场都是经济手段，对经济活动的调节各有优势和长处，社会主义实行市场经济要把两者结合起来；三是市场经济作为资源配置的一种方式本身不具有制度属性，可以和不同的社会制度结合，从而表现出不同的性质。坚持把社会主义制度同市场经济有机衔接，是中国特色社会主义制度一个鲜明特色和优势。

邓小平理论是马克思列宁主义基本原理与当代中国实际及时代特征相结合的产物，是对马克思列宁主义、毛泽东思想的继承和发展，是全党全国人民集体智慧的结晶。它第一次比较系统地初步回答了中国社会主义的发展道路、发展阶段、根本任务、发展动力、外部条件、政治保证、战略步骤、党的领导和依靠力量以及祖国统一等一系列基本问题，是指导我国进行改革开放和社会主义现代化建设的科学指南。

党的十五大郑重地把邓小平理论同马克思列宁主义、毛泽

---

① 《邓小平文选》第3卷，人民出版社1993年版，第373页。

东思想一起,确立为党的指导思想并写入党章,明确规定:"中国共产党以马克思列宁主义、毛泽东思想、邓小平理论作为自己的行动指南。这是我们党经过近二十年改革开放和社会主义现代化建设的成功实践作出的历史性决策。作出这个决策,表明中央领导集体和全党把邓小平开创的建设有中国特色社会主义事业全面推向新世纪的决心和信念,也反映了全国人民的共识和心愿。"①

二、中国特色社会主义的推进

从党的十三届四中全会到党的十六大,以江泽民同志为主要代表的中国共产党人,团结带领全党全国各族人民,坚持党的基本理论、基本路线,加深了对什么是社会主义、怎样建设社会主义和建设什么样的党、怎样建设党的认识,积累了治党治国新的宝贵经验,形成了"三个代表"重要思想。"三个代表"重要思想概括起来就是:中国共产党始终代表先进生产力的发展要求,始终代表先进文化的前进方向,始终代表最广大人民的根本利益。

始终代表先进生产力的发展要求,是对马克思主义生产力和生产关系、经济基础和上层建筑辩证关系基本原理的应用和发展。生产力是人的生产能力,是社会发展的最根本动力;生

---

① 《十五大以来重要文献选编》上,人民出版社 2000 年版,第 9—10 页。

产关系是"人们在自己生活的社会生产中发生一定的、必然的、不以他们的意志为转移的关系"①。生产力决定生产关系,进而决定着社会的上层建筑。在社会发展中,生产力的变革引起社会各种关系的变动和社会形态的更替,正如马克思所指出的:"随着新生产力的获得,人们改变自己的生产方式,随着生产方式即谋生的方式的改变,人们也就会改变自己的一切社会关系。手推磨产生的是封建主的社会,蒸汽磨产生的是工业资本家的社会。"② 中国共产党以马克思主义为指导,始终代表着社会进步的方向。因此,始终代表先进生产力的发展要求,是由中国共产党的先进性本身决定的。

始终代表先进文化的前进方向,体现了马克思主义社会存在与社会意识、物质生活和精神生活辩证统一的基本原理。文化是一定社会经济和政治在观念形式上的反映,文化作为一种精神力量,作为一种社会意识能够在人们认识世界、改造世界的过程中转化为物质力量,对社会发展产生深远影响。当今世界,国与国之间的竞争日趋激烈,文化在综合国力竞争中的地位和作用逐渐凸显,文化的基因和力量反映了一个民族的生命力、创造力和凝聚力。坚持什么样的文化方向,推动建设什么样的文化,是一个政党在思想上精神上的一面旗帜。发展先进文化有利于增强社会主义凝聚力和向心力,从而推动中国特色

---

① 《马克思恩格斯文集》第 2 卷,人民出版社 2009 年版,第 591 页。
② 《马克思恩格斯文集》第 1 卷,人民出版社 2009 年版,第 602 页。

社会主义的发展壮大。发展先进文化，就要加强文化建设，必须"以科学的理论武装人，以正确的舆论引导人，以高尚的精神塑造人，以优秀的作品鼓舞人"①。发展先进文化，就要坚持马克思主义在意识形态中的指导地位。发展先进文化，就要发展面向现代化、面向世界、面向未来的，民族的科学的大众的社会主义文化，这样的文化才能既体现时代性，又适应民族性。发展先进文化，就要做好思想政治工作，加强社会主义思想道德建设，弘扬民族精神，弘扬社会主义核心价值观。

始终代表最广大人民的根本利益，既坚持了人民群众是历史的创造者这一唯物史观基本原理，又深化发展了马克思主义的利益观。马克思指出："人们奋斗所争取的一切，都同他们的利益有关。"②人们活动的展开都是围绕利益进行的选择。中国共产党人来自群众，与人民群众保持着根本利益的一致性，代表人民群众的利益是中国共产党人的宗旨。"人心向背，是决定一个政党、一个政权兴亡的根本性因素。"③中国共产党深知其来源于人民，植根于人民。因此，必须始终坚持人民利益高于一切，服务于人民，努力使工人、农民、知识分子和其他群众共同享受经济社会发展带来的成果。

"三个代表"重要思想是在科学判断党的历史方位和总结历史经验的基础上提出来的。我们党历经革命、建设和改革，

---

① 《十四大以来重要文献选编》中，人民出版社1997年版，第1885页。
② 《马克思恩格斯全集》第1卷，人民出版社1956年版，第82页。
③ 《十五大以来重要文献选编》中，人民出版社2001年版，第1560页。

已经从领导人民为夺取全国政权而奋斗的党，成为领导人民掌握全国政权并长期执政的党；已经从受到外部封锁和实行计划经济条件下领导国家建设的党，成为对外开放和发展社会主义市场经济条件下领导国家建设的党。党的执政环境的变化，要求"我们必须继续围绕在新的历史条件下建设一个什么样的党和怎样建设党这个基本问题，进一步解决提高党的执政能力和领导水平、提高拒腐防变和抵御风险能力这两大历史性课题，全面推进党的建设的新的伟大工程"①。

"三个代表"重要思想是我们党的立党之本、执政之基、力量之源，它开创了全面改革开放的新局面。"三个代表"重要思想从党情、国情、世情出发，提出发展是党执政兴国的第一要务，建立社会主义市场经济体制，坚持和完善公有制为主体、多种所有制经济共同发展的基本经济制度，实行按劳分配为主体，多种分配方式并存的分配制度，全面建设小康社会，全方位对外开放，依法治国和以德治国相结合，巩固党的阶级基础和扩大党的群众基础，建设社会主义政治文明，推进党的建设新的伟大工程，等等。

"三个代表"重要思想是中国特色社会主义理论体系的丰富发展，是对马克思列宁主义、毛泽东思想和邓小平理论的继承和发展，反映了当代世界和中国的发展变化对党和国家工作的新要求，是加强和改进党的建设、推进中国社会主义自我

---

① 江泽民：《论"三个代表"》，中央文献出版社 2001 年版，第 152 页。

完善和发展的强大理论武器，是全党集体智慧的结晶，是党必须长期坚持的指导思想，成功将中国特色社会主义推向二十一世纪。

三、中国特色社会主义的坚持和发展

进入新世纪，我国既面临着许多新的发展机遇，也面临着不少新的挑战。从国际环境看，和平、发展、合作已成为时代潮流。伴随世界多极化、经济全球化的深入发展和科技的日新月异，各国间展开了激烈的综合国力较量，影响和平发展的不稳定不确定因素与日俱增。从国内发展看，我国社会主义现代化事业虽取得了瞩目成就，但我国仍处于社会主义初级阶段的基本国情没有改变，已经实现的总体小康还是低水平、不全面、发展不平衡的小康，要全面建成小康社会还有很长的路要走，资源、环境、人口问题开始凸显，城乡之间、区域之间、社会成员之间发展不平衡问题有所加剧，传统工业化发展道路难以为继。面对新的发展需要，党的十六大以后，以胡锦涛同志为主要代表的中国共产党人，团结带领全党全国各族人民，在全面建设小康社会进程中推进实践创新、理论创新、制度创新，深刻认识和回答了新形势下实现什么样的发展、怎样发展等重大问题，形成了科学发展观。科学发展观坚持以人为本、全面协调可持续发展，着力保障和改善民生，促进社会公平正义，推进党的执政能力建设和先进性建设，成功在新形势下坚持和发展了中国特色社会主义。

2007年10月，胡锦涛在党的十七大报告中对科学发展观的时代背景、科学内涵、精神实质和根本要求进行了全面系统阐述。2012年，党的十八大指出："科学发展观同马克思列宁主义、毛泽东思想、邓小平理论、'三个代表'重要思想一道，是党必须长期坚持的指导思想。"[1]科学发展观是中国特色社会主义理论体系的重要组成部分，成为指导党和国家全部工作的强大思想武器。

科学发展观的第一要义是发展，核心是以人为本，基本要求是全面协调可持续，根本方法是统筹兼顾。科学发展观进一步回答了什么是社会主义、怎样建设社会主义和建设什么样的党、怎样建设党的问题，创造性地回答了新形势下实现什么样的发展、怎样发展等重大问题。

发展是解决中国一切问题的"总钥匙"。在回答实现什么样的发展、怎样发展这个问题时，科学发展观首先明确指出，推动经济社会发展是其第一要义。强调发展是第一要义，是基于我国社会主义初级阶段基本国情，基于人民过上美好生活的深切愿望，基于巩固和发展社会主义制度，基于巩固党的执政基础、履行党的执政使命作出的重要结论。发展是解决中国所有问题的关键，发展对于全面建设小康社会、加快推进社会主义现代化，对于开创中国特色社会主义事业新局

---

[1] 《十八大以来重要文献选编》上，中央文献出版社2014年版，第6页。

面、实现中华民族伟大复兴具有决定性意义。同时，发展应该是又好又快的发展，因而要加快转变经济发展方式，改变先污染后治理的发展道路，转变简单地将发展等同于经济增长速度的观念，实现重视效益的发展、人的全面发展、创新发展、协调发展等。

科学发展观坚持以人为本，把人的全面发展和社会全面进步当作发展的出发点和落脚点。坚持发展为了人民、发展依靠人民、发展成果由人民共享，坚持权为民所用、情为民所系、利为民所谋。实现人的自由而全面的发展是马克思主义的基本立场和本质要求。科学发展观坚持以人为本就是坚持马克思主义的基本原理，就是坚持我们党的群众路线。

科学发展观提出了全面协调可持续的基本要求和统筹兼顾的根本方法。"全面"就是各个方面都要发展，即在坚持以经济建设为中心的前提下，实现经济、政治、文化、社会等各个方面的发展。"协调"即各个方面的发展要互相适应，要促进生产力和生产关系、经济基础和上层建筑相协调，促进现代化建设各环节、各方面相协调。"可持续"指的是坚持发展的持久性和连续性，确保当前和长远都要实现发展。这要求在实现经济发展的同时，还要处理好人口、资源和环境的关系，实现人与自然的和谐，当代人与下代人的资源传续问题。在"统筹兼顾"上，除了统筹好城乡发展、区域发展、经济社会发展、人与自然和谐发展、国内发展和对外开放五点外，还要统筹好中央和地方、个人利益和集体利益、局部利益和整体利益、当前利益和长远利益、国内国际两个大局等关系，从而充分调动各方面的积极性，建设中国特色社会主义。

在回答什么是社会主义、怎样建设社会主义的问题上，科学发展观创造性地提出了构建社会主义和谐社会的命题，明确"社会和谐是中国特色社会主义的本质属性"[①]。构建社会主义和谐社会，就要按照民主法治、公平正义、诚信友爱、充满活力、安定有序、人与自然和谐相处的总要求，着力解决与人民群众利益最相关的问题，从而促进社会的发展同经济、政治、文化建设相协调，促进人与人、人与社会、人与自然相统一。科学发展观还对中国特色社会主义的总依据、总布局、总任务进行了详细的论证，进一步回答了在中国这样经济文化比较落后的国家怎样建设社会主义的问题。

在回答建设什么样的党、怎样建设党的问题上，科学发展观在深化对"三个代表"重要思想认识的基础上，科学分析了新形势下党面临的"四大考验""四大风险"和必须解决好的"两个重大课题"，要求全党"增强紧迫感和责任感，牢牢把握加强党的执政能力建设、先进性和纯洁性建设这条主线，坚持解放思想、改革创新，坚持党要管党、从严治党，全面加强党的思想建设、组织建设、作风建设、反腐倡廉建设、制度建设，增强自我净化、自我完善、自我革新、自我提高能力，建设学习型、服务型、创新型的马克思主义执政党，确保党始终成为

[①]《十六大以来重要文献选编》下，中央文献出版社2008年版，第698页。

中国特色社会主义事业的坚强领导核心"①。

科学发展观是同马克思列宁主义、毛泽东思想、邓小平理论、"三个代表"重要思想既一脉相承又与时俱进的科学理论,是马克思主义关于发展的世界观和方法论的集中体现,是马克思主义中国化重大成果,是中国共产党集体智慧的结晶,是发展中国特色社会主义必须长期坚持的指导思想。科学发展观对新形势下实现什么样的发展、怎样发展等重大问题作出了新的科学回答,把党对中国特色社会主义规律的认识提升到了一个新的高度,成功在新形势下坚持和发展了中国特色社会主义。

四、改革开放使马克思主义焕发出强大活力

改革开放是决定当代中国前途命运的关键一招,是党在新的时代条件下带领人民进行的一场新的伟大革命。在这场新的伟大革命中,中国共产党人始终坚持以马克思主义为指导,并在实践中不断丰富和发展马克思主义,使马克思主义在当代中国焕发出了强大的生机活力。

马克思主义强调,一切从实际出发,在实践中检验和发展真理。改革开放以来,我们党始终坚持解放思想、实事求是、与时俱进、求真务实,坚持以马克思主义为指导,勇于推进理论创新、实践创新、制度创新、文化创新以及各方面创新,不

---

① 《十八大以来重要文献选编》上,中央文献出版社2014年版,第39页。

断赋予中国特色社会主义以鲜明的实践特色、理论特色、民族特色、时代特色，形成了中国特色社会主义道路、理论、制度、文化，以无可辩驳的事实彰显了马克思主义鲜活的生命力。

第一，实现了全方位开放的历史性转变。改革开放以来，我国顺应国际国内发展形势，立足于基本国情，对社会主义现代化建设作出全面部署，涉及经济、政治、文化、社会等领域，推进了改革开放。主要体现为：在经济体制改革上，率先在农村实行家庭联产承包责任制，随后将改革方向转至城市，实行城市经济体制改革并全面铺开。同时，确立了社会主义市场经济的改革方向，充分发挥市场在资源配置中的基础性作用，坚持和完善基本经济制度和分配制度。在政治体制改革上，推进党的建设制度改革，不断形成和发展符合当代中国国情、充满生机活力的体制机制。在开放进程中，党把对外开放确立为基本国策，从兴办深圳等经济特区、开发开放浦东、推动沿海沿边沿江沿线和内陆中心城市对外开放到加入世界贸易组织，从"引进来"到"走出去"，充分利用国际国内两个市场、两种资源。总的说来，改革开放的持续发展和不断推进，使我国社会主义市场经济体制充满活力，也实现了我国全方位开放的历史性转变。

第二，加快了社会主义现代化进程。为加快推进社会主义现代化，党领导人民进行一系列努力，取得了一系列成就。在经济建设上，坚持以经济建设为中心，坚持发展是硬道理，提出科学技术是第一生产力，实施科教兴国、可持续发展、人才强国等重大战略，推进西部大开发，振兴东北地区等老工业基地，促进中部地区崛起，支持东部地区率先发展，促进城乡、区域协调发展，推进国有企业改革和发展，鼓励和支持发展非公有制经济，加快转变经济发展方式，推动经济持续快速发展，使得综合国力大幅提升。在政治建设上，坚持党的领导、人民当家作主、依法治国有机统一，发展社会主义民主政治，建设社会主义政治文明，积极稳妥推进政治体制改革，坚持依法治国和以德治国相结合，修订宪法，建设社会主义法治国家，形成中国特色社会主义法律体系，尊重和保障人权，巩固和发展最广泛的爱国统一战线。在文化建设上，加强理想信念教育，推进社会主义核心价值体系建设，建设社会主义精神文明，发展社会主义先进文化，推动社会主义文化大发展大繁荣。在社会建设上，加快推进以改善民生为重点的社会建设，改善人民生活，取消农业税，不断推进学有所教、劳有所得、病有所医、老有所养、住有所居，促进社会和谐稳定。除此以外，还提出建设强大的现代化正规化革命军队的总目标，把军事斗争准备的基点放在打赢信息化条件下的局部战争上，推进中国特色军事变革，走中国特色精兵之路。这些都在一定程度上加快了我国社会主义现代化进程。

第三，彰显了党抵御风险和驾驭复杂局面的能力。面对错综复杂且多变的国际局势，坚持四项基本原则不动摇，力排众扰，从容应对一系列风险考验，促进了我国改革发展稳定全局。在此期间，党和政府紧紧依靠人民，旗帜鲜明地反对动乱，捍卫了社会主义国家的政权，维护了人民的根本利益。同时，党还领导人民成功应对了一系列的经济风险，如亚洲金融危机、国际金融危机等。除此以外，在党的领导下，我们成功举办了北京奥运会、残奥会，战胜了1998年长江松花江嫩江流域严重洪涝、"5·12"汶川特大地震等自然灾害，战胜了非典疫情，这些都极大地彰显了我们党抵御风险和驾驭复杂局面的能力。

第四，推进祖国统一大业的实现。改革开放以来，为维护国家领土主权完整，实现祖国统一，邓小平创造性地提出了"一个国家，两种制度"（"一国两制"）的科学构想，并成功开辟了以和平方式实现祖国统一的新途径。"一国两制"最初是针对台湾问题提出的设想，被首先应用于香港、澳门问题的实践活动中。经过艰巨的工作和斗争，我国相继对香港、澳门恢复行使主权，洗雪了中华民族百年耻辱。实践证明："一国两制"是解决历史遗留的香港、澳门问题的最佳方案，也是香港、澳门回归后保持长期繁荣稳定的最佳制度。在解决台湾问题上，党确立"和平统一、一国两制"基本方针，推动两岸双方达成体现一个中国原则的"九二共识"，推进两岸协商谈判，实现全面直接双向"三通"，开启两岸政党交流。同时，制定了反分裂国家法，坚决遏制"台独"势力、促进祖国统一，有力挫败各种制造"两个中国""一中一台""台湾独立"的图谋。"一国两制"是一项前无古人的开创性事业，它推进了祖国统一大业的实现，为国际社会解决类似问题提供了新思路新方案，是我国为推动世界和平发展而作出的新贡献。

第五,维护世界和平发展。科学判断时代特征和国际形势,提出和平与发展是当今时代的主题。为坚持和发展这一主题,坚持"维护世界和平、促进共同发展"的外交政策宗旨,调整同主要大国的关系,不仅发展同周边国家的睦邻友好关系,深化同广大发展中国家的友好合作,还积极参与国际和地区事务,建立起全方位多层次的对外关系新格局。同时,为维护世界和平发展,积极促进世界多极化和国际关系民主化,推动经济全球化朝着有利于共同繁荣的方向发展,旗帜鲜明反对霸权主义和强权政治,坚定维护广大发展中国家利益,推动建立公正合理的国际政治经济新秩序,这些都为建立持久和平、共同繁荣的世界提供了保障。

第六,开创和推进党的建设新的伟大工程。改革开放以来,我们党始终坚持聚精会神搞建设,尤其是抓好党的建设,以应对党长期执政和改革开放条件下所面临的各种风险考验。在推进党的建设方面,作出了不懈努力,主要表现为:在党内政治生活上,制定了党内政治生活的若干准则,健全民主集中制,发扬党内民主,实现党内政治生活正常化;在整党活动中,有计划有步骤地解决党内思想不纯、作风不纯、组织不纯问题;在干部队伍建设上,按照革命化、年轻化、知识化、专业化方针加强干部队伍建设,大力选拔中青年干部,促进干部队伍新老交替。除此以外,围绕提高党的领导水平和执政水平、提高拒腐防变和抵御风险能力这两大历史性课题,以执政能力建设和先进性建设为主线,先后就加强党同人民群众联系、加强和改进党的作风建设、加强党的执政能力建设等重大问题作出决定，组织开展"讲学习、讲政治、讲正气"教育、"三个代表"重要思想学习教育活动、保持共产党员先进性教育活动、深入学习实践科学发展观活动等集中性学习教育。同时，把党风廉政建设和反腐败斗争提高到关系党和国家生死存亡的高度，推进惩治和预防腐败体系建设。这些内容极大增强了党的先进性和纯洁性，加深了党同人民群众的血肉联系。

改革开放进程波澜壮阔，改革开放成就举世瞩目。正如习近平总书记在庆祝改革开放40周年大会上的讲话所指出的："改革开放是我们党的一次伟大觉醒，正是这个伟大觉醒孕育了我们党从理论到实践的伟大创造。改革开放是中国人民和中华民族发展史上一次伟大革命，正是这个伟大革命推动了中国特色社会主义事业的伟大飞跃！"[①] 改革开放极大地解放和发展了我国社会生产力，使我国实现了从生产力相对落后的状况到经济总量跃居世界第二的历史性突破，实现了人民生活从温饱不足到总体小康、奔向全面小康的历史性跨越，使中华民族迎来了从站起来到富起来的伟大飞跃；改革开放极大地推动了我国社会主义制度的自我完善和发展，赋予了社会主义新的生机活力；改革开放极大地加强和改进了党的建设，保持和发展了党的先进性和纯洁性，确保党始终走在时代前列。

---

① 习近平：《在庆祝改革开放40周年大会上的讲话》，人民出版社2018年版，第4页。

实践证明，改革开放是决定当代中国前途命运的关键一招，中国特色社会主义道路是指引中国发展繁荣的正确道路。改革开放取得的一系列伟大成就，都是坚持马克思主义的结果，这也在实践上证明了"马克思主义为什么行"。

第三章

奋进新时代

党的十八大以来，中国特色社会主义进入新时代，这是我国发展所处的新的历史方位。奋进新时代，以习近平同志为核心的党中央在统揽伟大斗争、伟大工程、伟大事业、伟大梦想的生动实践中，坚持理论与实践相结合，就新时代坚持和发展什么样的中国特色社会主义、怎样坚持和发展中国特色社会主义，建设什么样的社会主义现代化强国、怎样建设社会主义现代化强国，建设什么样的长期执政的马克思主义政党、怎样建设长期执政的马克思主义政党等重大时代课题，提出一系列原创性的治国理政新理念新思想新战略，最终创立了习近平新时代中国特色社会主义思想。习近平新时代中国特色社会主义思想是马克思主义中国化的最新理论成果，是当代中国马克思主义、二十一世纪马克思主义。习近平新时代中国特色社会主义思想坚持将马克思主义基本原理同新时代中国发展的具体实际相结合，以全新的视野深化了对共产党执政规律、社会主义建设规律、人类社会发展规律的认识，使马克思主义在中国大地上熠熠生辉，生动而深刻地诠释了"马克思主义为什么行"。

第一节　中国特色社会主义进入新时代

1982年，在党的十二大开幕词中，邓小平同志第一次明确提出："把马克思主义的普遍真理同我国的具体实际结合起来，走自己的道路，建设有中国特色的社会主义，这就是我们总结长期历史经验得出的基本结论。"[①] "走自己的道路"并且把自己的道路明确为"中国特色社会主义"，这一论断具有石破天惊的意义。为找到这条路，近代以来中国志士仁人一直在艰辛探索，中国共产党人也付出了艰苦卓绝的努力。习近平总书记从历史演进的角度阐述了中国特色社会主义何以形成，他指出，"中国特色社会主义不是从天上掉下来的，而是在改革开放40年的伟大实践中得来的，是在中华人民共和国成立近70

---

① 《邓小平文选》第3卷，人民出版社1993年版，第3页。

年的持续探索中得来的,是在我们党领导人民进行伟大社会革命97年的实践中得来的,是在近代以来中华民族由衰到盛170多年的历史进程中得来的,是对中华文明5000多年的传承发展中得来的,是党和人民历经千辛万苦、付出各种代价取得的宝贵成果。得到这个成果极不容易"①。正确的道路来之不易,我们必须备加珍惜。中国共产党的领导是中国特色社会主义最本质的特征,坚持和发展中国特色社会主义要紧紧围绕党的领导,做到与时俱进,全面把握国际国内两个大局——既要看到党的十八大以来世界百年未有之大变局,又要看到中华民族伟大复兴全局以及社会主要矛盾的历史性变化,从而乘风破浪开启改革开放新征程。新征程意味着新阶段,党的十九大将其确认为"新时代",指明:"经过长期努力,中国特色社会主义进入了新时代,这是我国发展新的历史方位。"② 中国特色社会主义进入新时代,是世情国情党情民情变化的必然结果,是社会主要矛盾运动的必然结果,也是党的十八大以来党和国家事业发生历史性变革的结果,是中国共产党人带领全国各族人民长期不懈奋斗的结果。它意味着中国将以一种全新的姿态屹立于世界民族之林,迎接机遇与挑战。

---

① 《习近平谈治国理政》第三卷,外文出版社2020年版,第70页。
② 习近平:《决胜全面建成小康社会 夺取新时代中国特色社会主义伟大胜利——在中国共产党第十九次全国代表大会上的报告》,人民出版社2017年版,第10页。

一、世界百年未有之大变局

"世界百年未有之大变局"最早提出于2018年6月,是习近平总书记在中央外事工作会议上作出的一个重大论断。他指出,"当前,我国处于近代以来最好的发展时期,世界处于百年未有之大变局,两者同步交织、相互激荡"[①]。此后,他又于不同场合多次重申这一论断。世界正处于百年未有之大变局,"变"是大势所趋,表现在世界经济重心的转换、政治格局的变动、全球化趋势的变化以及文化多样性的变动之中,揭示了世界面临的新的时代特征,预示着历史的走向及世界格局的重建。同时,"世界百年未有之大变局"也预示着世界未来发展的诸多不确定性因素。这些"变"与不确定性,也为中国自身的发展带来了相应的机遇和挑战。

"世界百年未有之大变局"反映了国际格局和国际体系正在发生深刻调整。"世界百年未有之大变局"集中表现为各国力量对比和关系的演变,突出反映在世界经济重心的趋势变化——逐渐由西向东、由北向南转移。联合国有关数据预测,未来30年,85%的世界人口将集中于当前的新兴市场及发展中国家。新兴市场和发展中国家的群体性崛起,使得世界从"帝国的黄昏"发展为"新兴的黎明",曾经生产力落后的国家和民族也在世界发展的大潮流中不断显现出生机活力。经济格局

---

① 《习近平谈治国理政》第三卷,外文出版社2020年版,第428页。

的变化进一步推动了世界政治格局的演化，发展中国家在全球治理上的话语权不断提高。与之相随的还有推动全球化进程的主力发生了改变——过去由西方主导全球化进程的局势将不复存在，新兴经济体逐渐发展成为推动全球化进程的新生力量。除此以外，新一轮的科技革命和产业变革深刻改变了人类社会的生产生活方式、思维方式、生产关系，各国间科技的较量呈现出激烈态势。与此同时，整个世界演绎为你中有我、我中有你的"命运共同体"，将人类前途命运的休戚与共推到了一个新的高度。各国人民无不向往和平美好的生活，整个世界的文化也以开放包容、多元互鉴的形式朝着多样性的方向发展。这些内容都为多极化世界的均衡发展提供了有利因素。

"世界百年未有之大变局"折射了人类面临的共同挑战。"世界百年未有之大变局"在为人类发展带来机遇的同时，也带来了许多显性与隐性的挑战，例如国际金融危机趋于常态化，"黑天鹅"与"灰犀牛"事件层出不穷，新冠肺炎疫情在全球的蔓延给世界发展带来了严重冲击，这都反映了当前全球发展的不确定性和不稳定性。我们必须清醒认识到当前世界局势发展的严峻性：经济增长乏力，全球不平等加剧，财富分配严重失衡；贸易保护主义、孤立主义、民粹主义等思潮不断抬头；霸权主义和强权政治犹存，大国关系进入未知水域；技术革命带来全球产能过剩；世界人口流动加剧社会认同危机；恐怖主义、网络安全、重大传染性疾病、气候变化等非传统安全威胁持续蔓延。面对风险和挑战，任何国家都不可能独善其身。

总的说来，世界百年未有之大变局，是机遇与挑战并存的变局。一方面，世界多极化、经济全球化、社会信息化、文化多样化深入发展，各国围绕国家利益最大化展开激烈竞争，重塑全球治理体系和国际秩序是大潮流大趋向。另一方面，世界发展正面临着许多不确定和不稳定性因素，尤其是各种逆全球化思潮和一些非传统安全的威胁。基于此，我们必须深刻认识到提出"世界百年未有之大变局"的本质在于重新建构世界秩序，完善全球治理机制。

作为世界上最大的发展中国家，中国同样置身于这样一个"前所未有"的时代背景之中，这就是习近平总书记在2018年6月下旬中央外事工作会议上所提出的："新兴市场国家和发展中国家的崛起速度之快前所未有，新一轮科技革命和产业变革带来的新陈代谢和激烈竞争前所未有，全球治理体系与国际形势变化的不适应、不对称前所未有。"① 面对这样的时势局势，我们要继续高举马克思主义旗帜，坚持走好中国特色社会主义道路，勇于承担大国责任，推动人类命运共同体建设，使科学社会主义在新时代绽放出永恒的真理光芒。

二、中华民族伟大复兴战略全局

中国特色社会主义进入新时代，开辟了实现中华民族伟

---

① 习近平：《坚持以新时代中国特色社会主义外交思想为指导　努力开创中国特色大国外交新局面》，《人民日报》2018年6月24日。

大复兴的新局面。2012年，习近平总书记在参观"复兴之路"展览时提出："实现中华民族伟大复兴是中华民族近代以来最伟大的梦想。"① 之后，他多次提到实现中华民族伟大复兴的中国梦。2019年5月，习近平总书记在江西考察时强调："领导干部要胸怀两个大局，一个是中华民族伟大复兴的战略全局，一个是世界百年未有之大变局，这是我们谋划工作的基本出发点。"② 虽然"胸怀两个大局"是对领导干部提出的政治要求，但同样适用于每一个共产党员及每一个渴望实现国家繁荣富强的中华儿女。事实上，世界百年未有之大变局为实现中华民族伟大复兴全局提供了重要的战略机遇，我们要顺势而为，使这个大变局朝着更有利于中国特色社会主义的发展方向转变。

党的十八大以来，我们党以巨大的政治勇气和强烈的责任担当，提出了一系列新理念新思想新战略，出台了一系列重大方针政策，推出了一系列重大举措，推进了一系列重大工作，解决了许多长期想解决而没有解决的难题，办成了许多过去想办而没有办成的人事，推动了党和国家事业发生历史性变革。经过长期努力，中国特色社会主义最终进入了新时代，并站在了一个新的历史起点上。

实现中华民族伟大复兴最根本的是要高举中国特色社会主

---

① 《习近平谈治国理政》，外文出版社2014年版，第226页。
② 《习近平谈治国理政》第三卷，外文出版社2020年版，第77页。

义伟大旗帜,坚定中国特色社会主义道路自信、理论自信、制度自信和文化自信。习近平总书记强调,"当今世界,要说哪个政党、哪个国家、哪个民族能够自信的话,那中国共产党、中华人民共和国、中华民族是最有理由自信的"[①]。我们的党、国家和民族之所以"最有理由自信",是因为我们的道路、理论、制度、文化相辅相成,独具优势,共筑新时代中国特色社会主义伟大奇迹,奏响新时代中国特色社会主义最美旋律。中国特色社会主义作为改革开放以来我们党的全部理论和实践主题,在新时代将继续向前推进。

习近平总书记关于中华民族伟大复兴战略全局的重要论述,顺应了时代和实践发展对党和国家工作提出的新要求,引领了发展方向、发展战略、发展路径、发展实践,为实现"两个一百年"奋斗目标、谋划"十四五"规划提供了根本遵循。新时代中国特色社会主义开创了中国特色社会主义发展的新局面,中华民族伟大复兴战略全局离不开新时代中国特色社会主义的发展,包括经济、政治、文化、社会、生态文明的全面发展。其中,经济建设是根本,政治建设是保障,文化建设是灵魂,社会建设是条件,生态文明建设是基础。只有统筹推进"五位一体"总体布局,才能实现将我国建设成为富强民主文明和谐美丽的社会主义现代化强国的目标。

---

① 《十八大以来重要文献选编》下,中央文献出版社 2018 年版,第 348 页。

三、社会主要矛盾的历史性变化

矛盾的观点是马克思主义哲学首要的和基本的观点。马克思认为，矛盾是指事物内部或事物之间的对立和统一及其关系，即矛盾就是对立统一。每一复杂事物自身内部都包含着许多矛盾，且每一矛盾均因其所处地位及其对事物发展所起作用的不同而存在差异，并有主次之分。其中，处于支配地位、对事物的发展起决定作用的矛盾就是主要矛盾。正是因为有主要矛盾的存在及主次矛盾之分，我们在想问题和办事情时才能抓住问题的关键，从而高效地解决问题。

一个社会的前进发展离不开对社会主要矛盾的科学判断。对于社会主要矛盾的认识是一个政党制定路线、开辟道路、形成战略的基本依据。在我们党的历史上，党的事业之所以取得胜利、党的航船之所以顺利前行，都与它在不同时期或阶段能对我国社会主要矛盾作出正确判断密切相关；而党的事业之所以遭遇挫折、党的航船之所以难以行进，都与它在某个时期或某个阶段对我国社会主要矛盾的判断失误直接相关。可见，能否正确认识社会主要矛盾是关系到党和国家前途命运的大事。

我们党坚持用辩证的、发展的眼光看待社会主要矛盾问题，自新中国成立以来，我国对社会主要矛盾进行了三次科学判断：

第一次是在1956年，党的八大报告指出："我们国内的主要矛盾，已经是人民对于建立先进的工业国的要求同落后的农业国的现实之间的矛盾，已经是人民对于经济文化迅速发展的需要同当前经济文化不能满足人民需要的状况之间的矛盾。"①这一论述延续了20余年,直到1979年,中央召开理论务虚会明确:"我们的生产力发展水平很低,远远不能满足人民和国家的需要,这就是我们目前时期的主要矛盾。"②随后在1981年,党的十一届六中全会通过的《关于建国以来党的若干历史问题的决议》对我国社会主要矛盾作了规范性表述,明确指出:"在社会主义改造基本完成以后,我国所要解决的主要矛盾,是人民日益增长的物质文化需要同落后的社会生产之间的矛盾。"③这是我国对社会主要矛盾的第二次科学判断。直到2017年,党的十九大作出新的判断,即"中国特色社会主义进入新时代,我国社会主要矛盾已经转化为人民日益增长的美好生活需要和不平衡不充分的发展之间的矛盾"④。这是立足于新的历史条件和基本国情对我国社会主要矛盾变化作出的全新判断。对社会主要矛盾的科学判断是制定党的路线方针政策的基本依据,同时也是划分社会发展阶段的重要依据。"我国社会主要矛盾的变化,没有改变我们对我国社会主义所处历史阶段的判断,我国仍处于并将长期处于社会主义初级阶段的基本国情没有变,我国是世界最大发展中国家的国际地位没有变。"⑤一个"变"和

---

① 《建国以来重要文献选编》第九册,中央文献出版社1994年版,第341页。
② 《改革开放三十年重要文献选编》上,中央文献出版社2008年版,第44页。
③ 《改革开放三十年重要文献选编》上,中央文献出版社2008年版,第212页。
④ 《十九大以来重要文献选编》上,中央文献出版社2019年版,第8页。
⑤ 习近平:《决胜全面建成小康社会 夺取新时代中国特色社会主义伟大胜利——在中国共产党第十九次全国代表大会上的报告》,人民出版社2017年版,第12页。

两个"没有变",是当前我国最大的国情,是解决中国特色社会主义进入新时代后我国一切问题的根本依据。这就是我们坚持运用马克思主义分析解决问题的具体体现。

新时代社会主要矛盾的历史性变化离不开中国社会发展的现实,尤其是生产力发展水平的提高。党的十九大明确提出,新时代我国社会生产力水平总体上显著提高,社会生产能力在很多方面进入世界前列。我国的经济实力、科技实力、国防实力、综合国力不断增强,国内生产总值由54万亿元增长到80万亿元,稳居世界第二,对世界经济增长贡献率超过30%;对外贸易、对外投资、外汇储备稳居世界前列;供给侧结构性改革深入推进,经济结构不断优化,数字经济等新兴产业蓬勃发展,基础设施建设快速推进;城镇化发展成效显著;区域发展协调性增强;创新型国家建设成果丰硕……[1]这些成就满足了人民的物质生活需求,提升了他们的生活品质。

但是,我们也应该清醒认识到,当前我国社会在发展过程中存在着不平衡不充分的问题。不充分是从发展的质量而言,如我国经济总量很大,但是经济发展的质量和效益却不够高,创新能力也不够强,在产业链和价值链中处于中低端位置等;生态环境保护任重道远;民生领域还有不少短板,群众在就业、教育、医疗、居住、养老等方面面临不少难题;社会文明水平

---

[1] 习近平:《决胜全面建成小康社会 夺取新时代中国特色社会主义伟大胜利——在中国共产党第十九次全国代表大会上的报告》,人民出版社2017年版。

尚需提高；社会矛盾和问题交织叠加，全面依法治国任务依然繁重，国家治理体系和治理能力有待加强；意识形态领域斗争依然复杂，国家安全面临新情况；一些改革部署和重大政策措施需要进一步落实；党的建设方面还存在不少薄弱环节。这些问题，必须着力加以解决。不平衡是从发展的领域上来讲的，如东部和西部发展不平衡、城市和乡村发展不平衡、不同群体的收入分配不平衡等。中国特色社会主义进入新时代，人民对美好生活的需要日益广泛。人们的需求层次不断提高，除了物质需求，也不断追求精神文化需求的满足，包括尊严、民主、公平、正义、安全、环境、个人价值等。总而言之，虽然我国社会生产力水平总体上显著提高，甚至社会生产能力在很多方面步入世界前列，但当前发展的不平衡不充分的问题仍是摆在我们面前的突出问题。

四、新时代的内涵及意义

中国特色社会主义进入新时代，是我们党就当代中国发展阶段作出的一项重大政治判断，是对当代中国社会发展历史性变革的概括性描述。作为中国特色社会主义发展的一个历史性阶段，新时代以其独特的内涵及鲜明的意义描绘了未来中国发展的宏伟蓝图。

党的十九大报告从中国特色社会主义历史发展的延续性、未来社会的建构性、人民奋斗的目标性、民族复兴的伟大事业和中国与世界的融合发展五个维度出发，对新时代的内涵进行了科学阐述。报告指出：这个新时代是承前启后、继往开来、在新的历史条件下继续夺取中国特色社会主义伟大胜利的时代；这个时代是决胜全面建成小康社会、进而全面建设社会主义现代化强国的时代；这个时代是全国各族人民团结奋斗、不断创造美好生活、逐步实现全体人民共同富裕的时代；这个时代是全体中华儿女勠力同心、奋力实现中华民族伟大复兴中国梦的时代；这个时代是我国日益走近世界舞台中央、不断为人类作出更大贡献的时代。

中国特色社会主义进入新时代具有重大意义。习近平总书记指出，"中国特色社会主义进入新时代，意味着近代以来久经磨难的中华民族迎来了从站起来、富起来到强起来的伟大飞跃，迎来了实现中华民族伟大复兴的光明前景；意味着科学社会主义在二十一世纪的中国焕发出强大生机活力，在世界上高高举起了中国特色社会主义伟大旗帜；意味着中国特色社会主义道路、理论、制度、文化不断发展，拓展了发展中国家走向现代化的途径，给世界上那些既希望加快发展又希望保持自身独立性的国家和民族提供了全新选择，为解决人类问题贡献了中国智慧和中国方案"①。

这三个"意味着"分别从中国自身的发展及其对世界发展

---

① 习近平：《决胜全面建成小康社会　夺取新时代中国特色社会主义伟大胜利——在中国共产党第十九次全国代表大会上的报告》，人民出版社2017年版，第10—11页。

带来的影响两个层面进行论述，而后者又细分为社会主义的发展和人类文明的进程两大方面。第一个"意味着"从中国自身的发展出发，阐述了实现中华民族伟大复兴的历史进程，指明新时代在中华人民共和国发展史上、在中华民族发展史上的重大意义。它点燃了民族复兴的光明前景，激发了中国人民的奋斗热情。第二个"意味着"从科学社会主义发展的角度出发，阐述了新时代中国将继续"举什么旗、走什么路"，中国特色社会主义的发展昭示了社会主义在当代没有没落，指明了科学社会主义在二十一世纪的光明前景。第三个"意味着"从人类文明进程的角度出发，言说了新时代中国特色社会主义的发展成就不仅展现了中国的大国责任和担当，还推动了世界文明的演进和发展，并向其他国家说明了这样一个事实：每个国家都可以而且应该根据本国的国情和发展特点去探寻属于自己的现代化文明道路。

第二节　新时代马克思主义中国化新的飞跃

时代是思想之母，实践是理论之源。社会大变动既呼唤理论创新，也为理论创新提供实践素材。党的十八大以来，以习近平同志为核心的党中央，从国内外形势变化和我国各项事业发展出发，在理论和实践的结合中系统回答了新时代坚持和发展什么样的中国特色社会主义、怎样坚持和发展中国特色社会主义，建设什么样的社会主义现代化强国、怎样建设社会主义现代化强国，建设什么样的长期执政的马克思主义政党、怎样建设长期执政的马克思主义政党等重大时代课题，包括新时代坚持和发展中国特色社会主义的总目标、总任务、总体布局、战略布局和发展方向、发展方式、发展动力、战略步骤、外部条件、政治保证等基本问题，并且根据新的实践对经济、政治、法治、科技、文化、教育、民生、民族、宗教、社会、生态文明、国家安全、国防和军队、"一国两制"和祖国统一、统一战线、外交、党的建设等各方面作出理论分析和政策指导，以利于更好坚持和发展中国特色社会主义，最终创立了习近平新时代中国特色社会主义思想，是新时代马克思主义中国化新的飞跃。党的十九大将习近平新时代中国特色社会主义思想确立为党必须长期坚持的指导思想并庄严写入党章，从而实现了党的指导思想和马克思主义的又一次与时俱进。

一、习近平新时代中国特色社会主义思想的创立

新时代反映新课题，新课题催生新理论，新理论引领新实践。党的十八大以来，国内外形势均在百年未有之大变局中发生了深刻改变，与此同时，民族复兴的伟业也在国内各项事业的快速发展中取得了显著成绩。为回应时代和实践提出的

新课题，以习近平同志为核心的党中央，在建设中国特色社会主义的伟大实践中，提出了习近平新时代中国特色社会主义思想。

首先，习近平新时代中国特色社会主义思想是对马克思列宁主义、毛泽东思想、邓小平理论、"三个代表"重要思想、科学发展观的继承和发展。习近平新时代中国特色社会主义思想作为新时代中国共产党的思想旗帜，贯穿着马克思主义的基本立场、观点和方法，并以马克思主义为理论、逻辑和价值起点，与时俱进地发展马克思主义，在不断推动理论创新的同时，成功开辟了马克思主义发展的新境界。这突出表现为习近平新时代中国特色社会主义思想对马克思主义哲学、政治经济学和科学社会主义作出的原创性贡献。例如，在马克思主义哲学方面，习近平新时代中国特色社会主义思想提出了新时代我国社会主要矛盾发生变化的论断，丰富了马克思主义社会矛盾学说；强调要提高科学思维能力，观大势、定大局、谋大事，坚持系统观念、强化问题导向等，发展了马克思主义的认识论、实践论。在政治经济学方面，习近平新时代中国特色社会主义思想提出了创新、协调、绿色、开放、共享的新发展理念，丰富了马克思主义生产力理论；提出坚持和完善社会主义基本经济制度，使市场在资源配置中起决定性作用和更好发挥政府作用等，发展了马克思主义经济学说。在科学社会主义方面，习近平新时代中国特色社会主义思想提出了坚持和加强党的全面领导、推进党的自我革命等，丰富了马克思主义建党学说；提出坚持和完善中国特色社会主义制度、推进国家治理体系和治理能力现代化等,发展了马克思主义国家学说;还提出构建人类命运共同体,深化了马克思主义世界历史理论;等等。

其次,党的十八大以来,中国取得的全方位的、开创性的成就,以及发生的深层次的、根本性的变革,为习近平新时代中国特色社会主义思想的形成奠定了实践基础。党的十九大报告指出,"十八大以来的五年,是党和国家发展进程中极不平凡的五年。面对世界经济复苏乏力、局部冲突和动荡频发、全球性问题加剧的外部环境,面对我国经济发展进入新常态等一系列深刻变化,我们坚持稳中求进工作总基调,迎难而上,开拓进取,取得了改革开放和社会主义现代化建设的历史性成就"[①]。经济建设取得重大成就、全面深化改革取得重大突破、民主法治建设迈出重大步伐、思想文化建设取得重大进展、人民生活不断改善、生态文明建设成效显著、强军兴军开创新局面、港澳台工作取得新进展、全方位外交布局深入展开、全面从严治党成效卓著。这些历史性成就以及历史性变革,为习近平新时代中国特色社会主义思想的形成奠定了直接的实践基础。

最后,新时代国内外环境变化带来的风险和考验,为习近平新时代中国特色社会主义思想的形成提供了现实的实践依

---

① 习近平:《决胜全面建成小康社会　夺取新时代中国特色社会主义伟大胜利——在中国共产党第十九次全国代表大会上的报告》,人民出版社2017年版,第2页。

据。任何时代都会存在特定的风险和考验。近代中国内部存在着封建主义、官僚主义余毒，外部面临着帝国主义威胁；历经革命战争的洗礼，中国人民在中国共产党领导下终于实现了当家作主。新时代中国特色社会主义主要面临来自"发展起来以后"的难题和挑战，既遇到世界现代化发展过程中的一些普遍问题，又面临国内发展过程中因历史的或现实的原因而产生的特殊问题。例如，在经济发展上，我国正处在转变经济发展方式的重要阶段，过去那种粗放型的发展方式已经不能支撑经济的进一步发展，加之全球化形势从"超级全球化"向"有限全球化"的转变，更对我国经济发展提出了新挑战。再如，在意识形态领域，虽然我国的意识形态安全总体上保持向好的态势，但西方媒体对我国形象的刻意抹黑以及国内民粹主义、新自由主义和历史虚无主义等社会思潮的泛起都对主流意识形态造成了威胁。这些风险和考验无不敦促我们党进行理论创新，进而用新的理论来指导中国特色社会这一伟大实践。

总之，习近平新时代中国特色社会主义思想，坚持以马克思列宁主义、毛泽东思想、邓小平理论、"三个代表"重要思想、科学发展观为指导，坚持解放思想、实事求是、与时俱进、求真务实，坚持辩证唯物主义和历史唯物主义，紧密结合新的时代条件和实践要求，以全新的视野深化了对共产党执政规律、社会主义建设规律、人类社会发展规律的认识。

二、习近平新时代中国特色社会主义思想的内涵

党的十九大明确指出:"新时代中国特色社会主义思想,是对马克思列宁主义、毛泽东思想、邓小平理论、'三个代表'重要思想、科学发展观的继承和发展,是马克思主义中国化最新成果,是党和人民实践经验和集体智慧的结晶,是中国特色社会主义理论体系的重要组成部分,是全党全国人民为实现中华民族伟大复兴而奋斗的行动指南,必须长期坚持并不断发展。"① 习近平新时代中国特色社会主义思想的创立,标志着中国特色社会主义理论体系的不断丰富和发展,它既是时代发展的要求,也是中国人民的实践选择。

习近平新时代中国特色社会主义思想作为当代中国的马克思主义,内涵丰富,凸显了"新时代",定位于"新目标",着力解决"新矛盾",体现了中国共产党人的初心使命。党的十九大报告把它凝练为"八个明确"和"十四个坚持",分别对应新时代坚持和发展什么样的中国特色社会主义和怎样坚持和发展中国特色社会主义等重大时代课题。

其中,"八个明确"回答了新时代坚持和发展什么样的中国特色社会主义这一时代课题。它以新时代坚持和发展中国特色社会主义的总目标、总任务、总体布局、战略布局和发展方向、

---

① 习近平:《决胜全面建成小康社会　夺取新时代中国特色社会主义伟大胜利——在中国共产党第十九次全国代表大会上的报告》,人民出版社2017年版,第20页。

发展方式、发展动力、战略步骤、外部条件、政治保证等基本问题破题，将这一重大理论问题具体化，实现了理论与实践的结合。具体内容包括：明确坚持和发展中国特色社会主义，总任务是实现社会主义现代化和中华民族伟大复兴，在全面建成小康社会的基础上，分两步走在本世纪中叶建成富强民主文明和谐美丽的社会主义现代化强国；明确新时代我国社会主要矛盾是人民日益增长的美好生活需要和不平衡不充分的发展之间的矛盾，必须坚持以人民为中心的发展思想，不断促进人的全面发展、全体人民共同富裕；明确中国特色社会主义事业总体布局是"五位一体"、战略布局是"四个全面"，强调坚定道路自信、理论自信、制度自信、文化自信；明确全面深化改革总目标是完善和发展中国特色社会主义制度、推进国家治理体系和治理能力现代化；明确全面推进依法治国总目标是建设中国特色社会主义法治体系、建设社会主义法治国家；明确党在新时代的强军目标是建设一支听党指挥、能打胜仗、作风优良的人民军队，把人民军队建设成为世界一流军队；明确中国特色大国外交要推动构建新型国际关系，推动构建人类命运共同体；明确中国特色社会主义最本质的特征是中国共产党领导，中国特色社会主义制度的最大优势是中国共产党领导，党是最高政治领导力量，提出新时代党的建设总要求，突出政治建设在党的建设中的重要地位。"八个明确"是对十八大以来党的重要理论和实践创新进行的系统归纳，是习近平新时代中国特色社会主义思想的核心内容，构成了习近平新时代中国特色社会主义思想的框架体系。

"十四个坚持"回答了新时代怎样坚持和发展中国特色社会主义这一时代课题。它围绕新时代中国特色社会主义这一基本判断和根本主题,谋划今后我们要"干什么""怎么干""怎么干得更好",是新时代开展具体工作的指导方针。"十四个坚持"紧紧围绕新时代中国特色社会主义,以"坚持党对一切工作的领导"为起点,依次涵盖了经济、政治、法治、科技、文化、教育、民生、民族、宗教、社会、生态文明、国家安全、国防和军队、"一国两制"和祖国统一、统一战线、外交、党的建设等各方面,并最终落脚于"坚持全面从严治党"。可以说,"十四个坚持"勾勒了新时代发展的蓝图,它既是改革发展的路径,也是改革发展的目标,更是改革发展的方法。具体内容包括:坚持党对一切工作的领导,坚持以人民为中心,坚持全面深化改革,坚持新发展理念,坚持人民当家作主,坚持全面依法治国,坚持社会主义核心价值体系,坚持在发展中保障和改善民生,坚持人与自然和谐共生,坚持总体国家安全观,坚持党对人民军队的领导,坚持"一国两制"和推进祖国统一,坚持推动构建人类命运共同体,坚持全面从严治党。"十四个坚持"是一个整体,它们彼此相互联系、相互协调、不可分割,共同构成了习近平新时代中国特色社会主义思想的方略体系。

由此可见,"八个明确"是习近平新时代中国特色社会主义思想的"思想内核",属于指导思想层面的范畴,重点解决的是"怎么看"的问题,回答了新时代我们要坚持和发展什么样的中国特色社会主义;"十四个坚持"是习近平新时代中国特色社会主义思想的"行动纲领",属于行动纲领层面的范畴,重点解决的是"怎么办"的问题,回答了怎样坚持和发展中国特色社会主义。"八个明确"和"十四个坚持"辩证统一于新时代中国特色社会主义建设的实践之中,共同构成了习近平新时代中国特色社会主义思想的科学体系。

实践在发展,理论创新也在丰富和发展。2021年11月,党的十九届六中全会审议通过的《中共中央关于党的百年奋斗重大成就和历史经验的决议》(以下简称《决议》),《决议》在党的十九大报告的基础上,结合近年来党在理论创新方面的最新成果,新增加了两个"明确"(分别为第七个"明确"和第十个"明确"),构成"十个明确"。其中,第七个"明确"指出:"明确必须坚持和完善社会主义基本经济制度,使市场在资源配置中起决定性作用,更好发挥政府作用,把握新发展阶段,贯彻创新、协调、绿色、开放、共享的新发展理念,加快构建以国内大循环为主体、国内国际双循环相互促进的新发展格局,推动高质量发展,统筹发展和安全"[1]。这一内容是我们党立足于新时代我国经济发展的实践基础,结合经济形势而作出的科学判断,深化了对我国经济发展规律的认识。第十个"明确"强调:"明确全面从严治党的战略方针,提出新时代党

---

[1] 《中共中央关于党的百年奋斗重大成就和历史经验的决议》,人民出版社2021年版,第25页。

的建设总要求,全面推进党的政治建设、思想建设、组织建设、作风建设、纪律建设,把制度建设贯穿其中,深入推进反腐败斗争,落实管党治党政治责任,以伟大自我革命引领伟大社会革命。"① 这一内容凸显了共产党人的忧患意识和责任担当,为确保我们党始终走在时代前列、应对国内外风险挑战提供了重要保障。

除此以外,"十个明确"中的部分内容也对之前的"八个明确"进行了补充完善。其中,第一个"明确"新增了"全党必须增强'四个意识'、坚定'四个自信'、做到'两个维护'"②,这一内容的提出使习近平新时代中国特色社会主义思想理论性和实践性的融合变得更加紧密,在运用理论引领大家的同时,指明了实践要求。第二个"明确"新增了"以中国式现代化推进中华民族伟大复兴"这一内容,这为中华民族的伟大复兴擘画了新的图景。第三个"明确"新增了"发展全过程人民民主"这一重大命题,同时将"不断促进人的全面发展、全体人民共同富裕"这一表述调整为"推动人的全面发展、全体人民共同富裕取得更为明显的实质性进展",这就为实现共同富裕的目标指明了努力方向。第九个"明确"新增了"服务民族复兴、促进人类进步",这一内容的提出将中国特色大国外交的任务

---

① 《中共中央关于党的百年奋斗重大成就和历史经验的决议》,人民出版社2021年版,第25页。
② 《中共中央关于党的百年奋斗重大成就和历史经验的决议》,人民出版社2021年版,第24页。

目标勾勒得更加明晰全面。

总的说来,"十个明确"在"八个明确"的基础上,统揽了改革发展稳定、内政外交国防、治党治国治军各领域各方面,丰富并发展了习近平新时代中国特色社会主义思想的核心内容。同时,"十个明确"也紧紧围绕三大时代课题进行展开。具体内容如下:

在回答新时代坚持和发展什么样的中国特色社会主义、怎样坚持和发展中国特色社会主义这一重大时代课题上,第一个"明确"鲜明指出了"中国特色社会主义最本质的特征是中国共产党领导,中国特色社会主义制度的最大优势是中国共产党领导"[①];第二个"明确"规定了坚持和发展中国特色社会主义的总任务;第四个"明确"强调了中国特色社会主义事业的总体布局和战略布局;第五个"明确"指明了要完善和发展中国特色社会主义制度;第六个"明确"提到了要建设中国特色社会主义法治体系。这些都为坚持和发展中国特色社会主义提供了坚实的制度支撑。

在回答建设什么样的社会主义现代化强国、怎样建设社会主义现代化强国这一重大时代课题上,第二个"明确"强调了要在全面建成小康社会的基础上,分两步走在本世纪中叶建成富强民主文明和谐美丽的社会主义现代化强国,以中国式现代

---

① 《中共中央关于党的百年奋斗重大成就和历史经验的决议》,人民出版社2021年版,第24页。

化推进中华民族伟大复兴,既规定了建设社会主义现代化强国的具体内涵,又提供了时间表、路线图;第四个"明确"将全面建设社会主义现代化国家纳入了"四个全面"战略布局之中,并置于首要位置,充分凸显其重要地位;第八个"明确"揭示了国防和军队现代化建设在党和国家事业全局中的重要地位,指明了新时代党的强军目标,强国必须强军,军强才能国安。因此,必须统筹好发展和安全、富国和强军的关系,以建设社会主义现代化强国。

在回答建设什么样的长期执政的马克思主义政党、怎样建设长期执政的马克思主义政党这一重大时代课题上,第一个"明确"聚焦党的领导,强调中国共产党是最高政治领导力量,同时要求全党必须增强"四个意识"、坚定"四个自信"、做到"两个维护";第十个"明确"聚焦党的建设,明确全面从严治党战略方针,提出新时代党的建设总要求,全面推进党的政治建设、思想建设、组织建设、作风建设、纪律建设,为建设长期执政的马克思主义政党、以党的伟大自我革命引领伟大社会革命提供了理论指引。

实践发展永不止步,理论创新永无止境。从"八个明确"到"十个明确",既反映了我们党在理论发展上坚持的连续性与创新性的统一,又彰显了我们党在充分认清世情国情党情的深刻变化后坚守的初心使命。"十个明确"是我们党立足于十八大以来治国理政新实践作出的理论创新,它以全新的视野深化了中国共产党人对共产党执政规律、社会主义建设规律和人类社会发展规律的认识,明证了马克思主义强大的生命力。同时,它也为发展马克思主义作出了原创性贡献,在坚持党的领导、坚持和完善社会主义基本经济制度、坚持以人民为中心的发展思想等方面,充分体现了科学社会主义的基本原则,印证了中国特色社会主义是社会主义,不是别的什么主义的科学论断。

新时代,我们要继续坚持并推进习近平新时代中国特色社会主义发展。正如习近平总书记所强调的:"坚持和发展中国特色社会主义是一篇大文章,邓小平同志为它确定了基本思路和基本原则,以江泽民同志为核心的党的第三代中央领导集体、以胡锦涛同志为总书记的党中央在这篇大文章上都写下了精彩的篇章。现在,我们这一代共产党人的任务,就是继续把这篇大文章写下去。"[①] 习近平新时代中国特色社会主义思想作为党与时俱进的指导思想,是对中国特色社会主义的坚持和发展,是新时代马克思主义中国化新的飞跃。

三、习近平新时代中国特色社会主义思想的历史地位

习近平新时代中国特色社会主义思想源于实践又指导实践,为新时代坚持和发展中国特色社会主义、推进党和国家事业提供了基本遵循。它是马克思主义基本原理同中国具体实际

---

① 《十八大以来重要文献选编》上,中央文献出版社2014年版,第114页。

相结合的又一重大理论成果,是新时代中国共产党的思想旗帜,是国家政治生活和社会生活的根本指针,是当代中国马克思主义、二十一世纪马克思主义,是中华文化和中国精神的时代精华,实现了马克思主义中国化新的飞跃。

首先,习近平新时代中国特色社会主义思想是马克思主义中国化的最新成果,开辟了马克思主义的新境界。党的十九大报告明确指出:"新时代中国特色社会主义思想,是对马克思列宁主义、毛泽东思想、邓小平理论、'三个代表'重要思想、科学发展观的继承和发展,是马克思主义中国化最新成果。"① 同毛泽东思想、邓小平理论、"三个代表"重要思想、科学发展观一样,习近平新时代中国特色社会主义思想是马克思主义基本原理同中国具体实际相结合的产物。同时,习近平新时代中国特色社会主义思想的创立及发展,离不开它对马克思列宁主义、毛泽东思想、邓小平理论、"三个代表"重要思想、科学发展观的继承与发展,它们彼此间又是一脉相承的关系。作为发展着的马克思主义,习近平新时代中国特色社会主义思想是二十一世纪的马克思主义,是马克思主义中国化最新成果,它坚持以马克思主义立场、观点和方法来解决中国发展中出现的实际问题,并落实到改革发展稳定、内政外交国防、治党治国治军等各个领域,开辟了中国特色社会主义在经济、政治、

---

① 习近平:《决胜全面建成小康社会 夺取新时代中国特色社会主义伟大胜利——在中国共产党第十九次全国代表大会上的报告》,人民出版社2017年版,第20页。

文化、社会、生态等领域发展的新境界,进而开启了全面建设社会主义现代化国家的新征程。

其次,习近平新时代中国特色社会主义思想丰富和发展了中国特色社会主义理论体系,开辟了中国特色社会主义新境界。习近平新时代中国特色社会主义思想,是党和人民实践经验和集体智慧的结晶,是中国特色社会主义理论体系的重要组成部分。习近平新时代中国特色社会主义思想深刻揭示了新时代中国特色社会主义的本质特征、发展规律和建设路径,提出了许多新的理论判断和原创观点,为中国特色社会主义理论体系注入了新的内涵,进一步彰显了中国特色社会主义的时代特色、实践特色、理论特色、民族特色,续写了中国特色社会主义的光辉篇章,开辟了中国特色社会主义新境界。

最后,习近平新时代中国特色社会主义思想是实现中华民族伟大复兴的行动指南。党的十九大报告指出,习近平新时代中国特色社会主义思想"是全党全国人民为实现中华民族伟大复兴而奋斗的行动指南,必须长期坚持并不断发展"[①]。党的十八大以来,久经磨难的中华民族迎来了从站起来、富起来到强起来的伟大飞跃,在此过程中,中国的综合国力稳居世界第二,中国坚持的社会主义道路大放异彩,伴随中国特色社会主义道路自信、理论自信、制度自信、文化自信的不断提升,实现中华民族伟大复兴的奋斗目标指日可待。正如习近平总书记

[①] 《十九大以来重要文献选编》上,中央文献出版社 2019 年版,第 51 页。

所言:"我们比历史上任何时期都更接近、更有信心和能力实现中华民族伟大复兴的目标。"① 放眼当下中国发展的实际,我们的雄心壮志和我们的雄厚实力使我们有信心且有能力完成这一历史重任。习近平新时代中国特色社会主义思想是全党全国人民为实现中华民族伟大复兴而奋斗的行动指南,是我们党必须长期坚持的重要指导思想。实现中华民族伟大复兴的中国梦,是中华民族近代以来最伟大的梦想。它凝聚了几代中国人民共同的夙愿,体现了民族与国家的整体利益。中国梦的核心思想是实现国家富强、民族振兴和人民幸福,梦想的实现靠辛勤的劳动,"劳动创造了中华民族,造就了中华民族的辉煌历史,也必将创造出中华民族的光明未来"②。梦想的实现必须有正确的理论指导,在当代中国,习近平新时代中国特色社会主义思想就是引领中华民族实现伟大复兴的科学理论。

习近平新时代中国特色社会主义思想的历史地位再次证明了马克思主义为什么行。正如习近平总书记在纪念马克思诞辰200周年大会上讲话中所指出的:"马克思主义的命运早已同中国共产党的命运、中国人民的命运、中华民族的命运紧紧连在一起,它的科学性和真理性在中国得到了充分检验,它的人民性和实践性在中国得到了充分贯彻,它的开放性和时代性在中

---

① 习近平:《决胜全面建成小康社会 夺取新时代中国特色社会主义伟大胜利——在中国共产党第十九次全国代表大会上的报告》,人民出版社2017年版,第15页。
② 《习近平谈治国理政》,外文出版社2014年版,第46页。

国得到了充分彰显！"① 马克思主义具有与时俱进的政治品格，它永不僵化、永不停滞。马克思列宁主义、毛泽东思想、邓小平理论、"三个代表"重要思想、科学发展观、习近平新时代中国特色社会主义思想，共同构成了马克思主义在中国的接续发展，是被中国革命、建设和改革实践反复证明了的中国化马克思主义，是引领中华民族走向伟大复兴的行动指南。

第三节　新思想引领新发展

新思想引领新发展。习近平新时代中国特色社会主义思想，是坚持和发展新时代中国特色社会主义的行动指南，是立足新发展阶段、坚持新发展理念、构建新发展格局的伟大思想武器。

一、立足新发展阶段

在全面建成小康社会、实现第一个百年奋斗目标之后，我国开启了全面建设社会主义现代化国家的新征程，开始向第二

---

① 习近平：《在纪念马克思诞辰200周年大会上的讲话》，人民出版社2018年版，第14页。

个百年奋斗目标进军。这个发展阶段，是我国的一个新发展阶段。从更大的时空范围看，这个新发展阶段是我国社会主义初级阶段整个历史进程中不同寻常的发展阶段。我国社会主义初级阶段，是逐步摆脱不发达状态，实现社会主义现代化的历史阶段。这一初级阶段开始于1956年我国社会主义改造基本完成，大体会持续100年左右的时间。在整个社会主义初级阶段，随着社会生产力发展和生产关系调整，随着经济、政治、文化、社会、生态文明等方面进步和发展环境变化，我国经济社会发展在不同时期呈现出不同的阶段性特征，进入不同的发展阶段。今天，中国进入新发展阶段，意味着又面临新任务，需要新的战略部署。以习近平同志为核心的党中央高瞻远瞩，对新发展阶段作出了重大部署。

第一，立足新发展阶段，就是要开启全面建设社会主义现代化国家新征程。"决胜全面建成小康社会，开启全面建设社会主义现代化国家新征程"是党的十九大报告中的一项重要内容。它不仅体现了中国共产党人的初心使命，还体现了中国共产党人的发展观。改革开放后，我们党为谋划社会主义现代化建设，提出了"三步走"的战略目标。其中，"解决人民温饱问题""人民生活总体上达到小康水平"这两个目标已提前实现。在这个基础上，我们党提出："到建党一百年时建成经济更加发展、民主更加健全、科教更加进步、文化更加繁荣、社会更加和谐、人民生活更加殷实的小康社会，然后再奋斗三十年，到新中国成立一百年时，基本实现现代化，把我国建成社会主义现代化国家。"①可见，决胜全面建成小康社会和开启全面建设社会主义现代化国家新征程二者间存在着密切联系。一方面，全面建成小康社会是我国现代化建设的新起点；另一方面，开启全面建设社会主义现代化国家新征程，建立在全面建成小康社会目标完成的基础之上。开启全面建设社会主义现代化国家新征程，要坚持以习近平新时代中国特色社会主义思想为指导，深入贯彻落实党的十九大以来的决策部署，坚持以人民为中心的新发展理念，在深刻认识新时代我国社会主要矛盾变化的基础上统筹推进现代化各领域的工作。

第二，立足新发展阶段，就要分两步走到第二个一百年建成社会主义现代化强国。党的十九大围绕实现中华民族伟大复兴的历史使命，对新时代推进我国社会主义现代化建设，作出了顶层设计，提出在全面建成小康社会的基础上，分两步走，到本世纪中叶把我国建成富强民主文明和谐美丽的社会主义现代化强国。具体内容如下："第一个阶段，从二〇二〇年到二〇三五年，在全面建成小康社会的基础上，再奋斗十五年，基本实现社会主义现代化。到那时，我国经济实力、科技实力将大幅跃升，跻身创新型国家前列；人民平等参与、平等发展权利得到充分保障，法治国家、法治政府、法治社会基本建成，各方面制度更加完善，国家治理体系和治理能力现代化基本实

---

① 习近平：《决胜全面建成小康社会 夺取新时代中国特色社会主义伟大胜利——在中国共产党第十九次全国代表大会上的报告》，人民出版社 2017 年版，第 27 页。

现；社会文明程度达到新的高度，国家文化软实力显著增强，中华文化影响更加广泛深入；人民生活更为宽裕，中等收入群体比例明显提高，城乡区域发展差距和居民生活水平差距显著缩小，基本公共服务均等化基本实现，全体人民共同富裕迈出坚实步伐；现代社会治理格局基本形成，社会充满活力又和谐有序；生态环境根本好转，美丽中国目标基本实现。第二个阶段，从二〇三五年到本世纪中叶，在基本实现现代化的基础上，再奋斗十五年，把我国建成富强民主文明和谐美丽的社会主义现代化强国。到那时，我国物质文明、政治文明、精神文明、社会文明、生态文明将全面提升，实现国家治理体系和治理能力现代化，成为综合国力和国际影响力领先的国家，全体人民共同富裕基本实现，我国人民将享有更加幸福安康的生活，中华民族将以更加昂扬的姿态屹立于世界民族之林。"① 从全面建成小康社会到基本实现现代化，再到全面建成社会主义现代化强国，是新时代中国特色社会主义发展的战略安排，它不仅展现了实现中华民族伟大复兴中国梦的光明前景，还显示了中国共产党人前所未有的自信，以及共产党人的初心使命和责任担当。

第三，立足新发展阶段，就要用好我国发展的重要战略机遇期。习近平总书记指出，"从 2021 年开始，我国将进入'十四五'时期，这是乘势而上开启全面建设社会主义现代化

---

① 习近平：《决胜全面建成小康社会　夺取新时代中国特色社会主义伟大胜利——在中国共产党第十九次全国代表大会上的报告》，人民出版社 2017 年版，第 28—29 页。

国家新征程、向第二个百年奋斗目标进军的第一个五年"①。用好我国发展的重要战略机遇期,就要像党的十九届五中全会所强调的:"全党要统筹中华民族伟大复兴战略全局和世界百年未有之大变局,深刻认识我国社会主要矛盾变化带来的新特征新要求,深刻认识错综复杂的国际环境带来的新矛盾新挑战,增强机遇意识和风险意识,立足社会主义初级阶段基本国情,保持战略定力,办好自己的事,认识和把握发展规律,发扬斗争精神,树立底线思维,准确识变、科学应变、主动求变,善于在危机中育先机、于变局中开新局,抓住机遇,应对挑战,趋利避害,奋勇前进。"②"我国发展仍然处于重要战略机遇期,但面临的国内外环境正在发生深刻复杂变化。我国有独特的政治优势、制度优势、发展优势和机遇优势,经济社会发展依然有诸多有利条件,我们完全有信心、有底气、有能力谱写'两大奇迹'新篇章。"③ 在这里,"两大奇迹"是指世所罕见的经济快速发展奇迹和社会长期稳定奇迹。也正是在这"两大奇迹"的助推下,中华民族迎来了从站起来、富起来到强起来的伟大飞跃。"十四五"时期经济社会发展的基本思路、主要目标以及 2035 年远景目标具有前瞻性、全局性、基础性、针对性的

---

① 习近平:《在全国劳动模范和先进工作者表彰大会上的讲话》,人民出版社 2020 年版,第 3—4 页。
② 《中共中央关于制定国民经济和社会发展第十四个五年规划和二〇三五年远景目标的建议》,人民出版社 2020 年版,第 4 页。
③ 《中共中央关于制定国民经济和社会发展第十四个五年规划和二〇三五年远景目标的建议》,人民出版社 2020 年版,第 46 页。

特点，它为实现第二个百年奋斗目标、实现中华民族伟大复兴的中国梦奠定了坚实的基础。

进入新发展阶段，我国发展的内外环境发生深刻变化，面临许多新的重大理论和实践问题，需要加以正确认识和把握。首先，要正确认识和把握实现共同富裕的战略目标和实践途径。这要求在社会主义制度下，既要不断解放和发展社会生产力，不断创造和积累社会财富，又要防止两极分化。在将"蛋糕"做大做好的同时，还要通过合理的制度安排将"蛋糕"切好分好，以实现共同富裕这一目标。同时，要坚持尽力而为、量力而行，做好社会兜底工作，完善公共服务政策制度体系，在教育、医疗、养老、住房等人民群众最关心的领域精准提供基本公共服务。其次，要正确认识和把握资本的特性和行为规律，既要看到资本作为生产要素的积极作用，又要有效抑制其消极作用。通过加大对资本的有效监管，积极引导其朝着规范健康的方向发展。再次，要正确认识和把握初级产品供给保障，确保中国人的饭碗任何时候都牢牢端在自己手中。同时，要正确认识和把握防范化解重大风险。最后，要正确认识和把握碳达峰碳中和，深入推动能源革命，加快建设能源强国。

二、坚持新发展理念

理念是行动的先导，一定的发展成效是由一定的发展理念引领实现的。2015年10月，党的十八届五中全会首次提出创新、协调、绿色、开放、共享的新发展理念。在党的十九大上，习近平总书记强调，要贯彻新发展理念，建设现代化经济体系，指出："发展必须是科学发展，必须坚定不移贯彻创新、协调、绿色、开放、共享的发展理念。"① 由此，新发展理念被确立为新时代坚持和发展中国特色社会主义的基本方略之一。

新发展理念的基本内涵是创新、协调、绿色、开放、共享。它是习近平新时代中国特色社会主义思想的重要组成部分，不仅坚持了以人民为中心的发展思想，传承了党的发展理论，还进一步科学回答了实现什么样的发展、怎样实现发展的问题，从而深刻揭示了实现更高质量、更有效率、更加公平、更可持续发展的必由之路，深化了我们党对中国特色社会主义经济发展规律的认识，有力指导了我国新的发展实践，开拓了中国特色社会主义的新境界。新发展理念的实践，将推动人的全面发展和社会的全面进步，为新时代发展中国社会的生产、合理调整生产力与生产关系之间的关系提供了基本指导，从而丰富了马克思主义的发展观。

坚持新发展理念，首先要认识创新、协调、绿色、开放、共享在发展中的地位和彼此间的联系。新发展理念把创新摆在第一位，是因为创新是引领发展的第一动力。当然，协调发展、绿色发展、开放发展、共享发展都有利于增强发展动力，但发

---

① 习近平：《决胜全面建成小康社会 夺取新时代中国特色社会主义伟大胜利——在中国共产党第十九次全国代表大会上的报告》，人民出版社2017年版，第21页。

展的核心在创新。抓住了创新，就抓住了牵动经济社会发展全局的"牛鼻子"。协调发展，就是要运用好辩证法，处理好局部和全局、当前和长远、重点和非重点的关系，在权衡利弊中趋利避害，作出最为有利的战略抉择。从当前我国发展存在不平衡、不协调、不可持续的突出问题出发，我们要着力推动区域协调发展、城乡协调发展、物质文明和精神文明协调发展，推动经济建设和国防建设融合发展。绿色发展，就其要义来讲，是要解决好人与自然和谐共生问题。人类发展活动应当尊重自然、顺应自然、保护自然，否则就会遭到大自然的报复，这个规律谁也无法抗拒。发展不能固步自封，不能关起门来搞发展。改革开放40多年来全方位对外开放取得的成就已经说明了开放发展的重要性。共享理念，就是要坚持以人民为中心的发展思想，体现的是逐步实现共同富裕的要求。共同富裕，是马克思主义的一个基本目标，也是自古以来我国人民的一个基本理想。创新、协调、绿色、开放、共享彼此间相互贯通、相互促进，具有内在的一致性。新发展理念集中反映了我们党对经济社会发展规律认识的深化，是我国发展理论的又一次重大创新。

坚持新发展理念，就要"把新发展理念贯穿发展全过程和各领域，构建新发展格局，切实转变发展方式，推动质量变革、效率变革、动力变革，实现更高质量、更有效率、更加公平、更可持续、更为安全的发展"[①]。具体来讲，坚持新发展理念就

[①] 《中共中央关于制定国民经济和社会发展第十四个五年规划和二〇三五年远景目标的建议》，人民出版社2020年版，第7页。

要做到以下几点。

第一，坚持新发展理念要贯彻以人民为中心的发展思想。发展具有目标性，即"发展为了谁"，这是我们党首先要回答的问题。习近平总书记多次强调坚持新发展理念，就要贯彻以人民为中心的发展思想。在 2020 年 9 月 17 日基层代表座谈会上，他曾指出："谋划'十四五'时期发展，要坚持发展为了人民、发展成果由人民共享，努力在推动高质量发展过程中办好各项民生事业、补齐民生领域短板。要更加聚焦人民群众普遍关心关注的民生问题，采取更有针对性的措施，一件一件抓落实，一年接着一年干，让人民群众获得感、幸福感、安全感更加充实、更有保障、更可持续。"[1] 在 2021 年 1 月 11 日省部级主要领导干部学习贯彻党的十九届五中全会精神专题研讨班开班式上，他又明确指出："人民是我们党执政的最深厚基础和最大底气。为人民谋幸福、为民族谋复兴，这既是我们党领导现代化建设的出发点和落脚点，也是新发展理念的'根'和'魂'。只有坚持以人民为中心的发展思想，坚持发展为了人民、发展依靠人民、发展成果由人民共享，才会有正确的发展观、现代化观。"[2] 只有坚持以人民为中心的发展思想，才能提升人民群众获得感、幸福感，进而激励他们投身于实现民族复兴的伟业之中。

---

[1] 习近平：《在基层代表座谈会上的讲话》，人民出版社 2020 年版，第 7 页。

[2] 习近平：《论把握新发展阶段、贯彻新发展理念、构建新发展格局》，中央文献出版社 2021 年版，第 479 页。

第二，坚持新发展理念要把握问题导向。问题导向体现了实事求是的工作方法，它要求对发展现状及趋势进行科学判断。之所以强调坚持新发展理念要把握问题导向，是因为发展的质量和效益离不开对发展环境的判断。当今世界正处于百年未有之大变局，我国发展的外部环境日趋复杂，而作为世界上最大的发展中国家，当前我国仍处于并将长期处于社会主义初级阶段，发展仍然是我们党执政兴国的第一要务。值得注意的是，随着我国社会主要矛盾的转变，发展中的矛盾和问题集中体现在发展质量上，因此，当前必须突出问题导向，坚持新发展理念，关键任务是要提高发展质量。2020年，习近平总书记在统筹推进新冠肺炎疫情防控和经济社会发展工作部署会议上指出："今年我国发展面临的风险挑战上升，再叠加这次疫情影响，做好经济社会发展工作难度更大。要以'咬定青山不放松'的韧劲、'不破楼兰终不还'的拼劲，沉下心来、扑下身子，坚持问题导向，分层级理清影响落实的问题，一个一个去解决，把工作落到实处。"[①] 在 2021 年 1 月 11 日省部级主要领导干部学习贯彻党的十九届五中全会精神专题研讨班开班式上，他又强调："我国发展已经站在新的历史起点上，要根据新发展阶段的新要求，坚持问题导向，更加精准地贯彻新发展理念，举措要更加精准务实，切实解决好发展不平衡不充分的问题，真

[①] 习近平：《在统筹推进新冠肺炎疫情防控和经济社会发展工作部署会议上的讲话》，人民出版社 2020 年版，第 28 页。

正实现高质量发展。"① 只有把握问题导向，才能科学推进新时代中国特色社会主义的发展。

第三，坚持新发展理念要树立底线思维。坚持底线思维是我们党治国理政的重要思想方法、工作方法、领导方法，也是认识把握外部环境深刻变化和我国改革发展稳定面临的新情况新问题、有效应对各种风险挑战的必然要求。正如习近平总书记所指出的："当前和今后一个时期是我国各类矛盾和风险易发期，各种可以预见和难以预见的风险因素明显增多。我们必须坚持统筹发展和安全，增强机遇意识和风险意识，树立底线思维，把困难估计得更充分一些，把风险思考得更深入一些，注重堵漏洞、强弱项，下好先手棋、打好主动仗，有效防范化解各类风险挑战，确保社会主义现代化事业顺利推进。"② 树立底线思维体现了我们党的忧患意识，涉及考虑发展问题和解决发展难题的长远打算，它要求我们凡事从最坏处考虑，努力争取最好的结果。时代在发展、实践在推进，中国特色社会主义事业的发展离不开我们党把握时代发展脉搏，尤其是"面对波谲云诡的国际形势、复杂敏感的周边环境、艰巨繁重的改革发展稳定任务，我们必须始终保持高度警惕，既要高度警惕'黑天鹅'事件，也要防范'灰犀牛'事件；既要有防范风险的先手，

---

① 习近平：《论把握新发展阶段、贯彻新发展理念、构建新发展格局》，中央文献出版社 2021 年版，第 480—481 页。
② 习近平：《论把握新发展阶段、贯彻新发展理念、构建新发展格局》，中央文献出版社 2021 年版，第 424—425 页。

也要有应对和化解风险挑战的高招；既要打好防范和抵御风险的有准备之战，也要打好化险为夷、转危为机的战略主动战"①。坚持底线思维同时也意味着我们必须增强大局意识，弘扬斗争精神。"行百里者半九十。中华民族伟大复兴，绝不是轻轻松松、敲锣打鼓就能实现的。全党必须准备付出更为艰巨、更为艰苦的努力。"②因此，我们必须全面做强自己，既要敢于斗争，又要善于斗争，在底线思维的引导下推动新时代中国特色社会主义的发展。

三、构建新发展格局

在 2020 年 4 月 10 日中央财经委员会第七次会议上，习近平总书记首次提出了"新发展格局"这一概念。他强调："国内循环越顺畅，越能形成对全球资源要素的引力场，越有利于构建以国内大循环为主体、国内国际双循环相互促进的新发展格局，越有利于形成参与国际竞争和合作新优势。"③之后，他又在不同场合多次提及"构建新发展格局"这一新的战略部署。

提出"加快构建以国内大循环为主体、国内国际双循环相

---

① 《习近平谈治国理政》第三卷，外文出版社 2020 年版，第 219—220 页。
② 习近平：《决胜全面建成小康社会 夺取新时代中国特色社会主义伟大胜利——在中国共产党第十九次全国代表大会上的报告》，人民出版社 2017 年版，第 15 页。
③ 《十九大以来重要文献选编》中，中央文献出版社 2021 年版，第 496 页。

互促进的新发展格局",是立足于中国自身发展阶段、适应世界百年未有之大变局、实现中华民族伟大复兴战略全局作出的重大战略抉择。历史表明,现代大国的经济发展几乎都经历过由主要依赖外部需求向以内需为主的转变,我国已经过了能够依靠投资和出口实现经济高速增长的阶段,而到了通过供给侧结构性改革来拉动需求谋发展的阶段。同时,我国面对日益严重的贸易摩擦、世界范围不和谐不稳定性因素增多等外部环境压力,亟须调整发展战略,加快释放内需潜力、激发国内市场活力。党的十九届五中全会指出,当前和今后一个时期,我国发展仍然处于重要战略机遇期。构建新发展格局是参与更高层次国际大循环的要求。

《中华人民共和国国民经济和社会发展第十四个五年规划和2035年远景目标纲要》(以下简称《建议》)中对如何构建新发展格局提出了要求:"必须坚持深化供给侧结构性改革,以创新驱动、高质量供给引领和创造新需求,提升供给体系的韧性和对国内需求的适配性。必须建立扩大内需的有效制度,加快培育完整内需体系,加强需求侧管理,建设强大国内市场。必须坚定不移推进改革,破除制约经济循环的制度障碍,推动生产要素循环流转和生产、分配、流通、消费各环节有机衔接。必须坚定不移扩大开放,持续深化要素流动型开放,稳步拓展制度型开放,依托国内经济循环体系形成对全球要素资源的强大引力场。必须强化国内大循环的主导作用,以国际循环提升国内大循环效率和水平,实现国内国际双循环互促共进。"①

首先，构建新发展格局，要坚持以国内大循环为主体，推进国际国内双循环。这是与时俱进提升我国经济发展水平的战略抉择，也是塑造我国国际经济合作和竞争新优势的战略抉择。国内循环和国际循环具有互通性，二者相互成就。自改革开放以来，尤其是加入世界贸易组织以来，中国经济便愈加深刻地融入了国际大循环体系中。一方面，国内循环为国际循环提供了市场、资源和劳动力；另一方面，国际循环也客观上推动了国内循环的发展，并且，彼时国际循环起主导作用。"近几年，随着全球政治经济环境变化，逆全球化趋势加剧，有的国家大搞单边主义、保护主义，传统国际循环明显弱化。在这种情况下，必须把发展立足点放在国内，更多依靠国内市场实现经济发展。我国有14亿人口，人均国内生产总值已经突破1万美元，是全球最大和最有潜力的消费市场，具有巨大增长空间。改革开放以来，我们遭遇过很多外部风险冲击，最终都能化险为夷，靠的就是办好自己的事、把发展立足点放在国内。"② 此时，国内循环的主体性得以显现。由此可见，强调以国内大循环为主体构建新发展格局，是基于国际形势及中国自身发展现状的考量。只有坚持以国内大循环为主体，才能吸引全球资源要素，

---

① 《中华人民共和国国民经济和社会发展第十四个五年规划和2035年远景目标纲要》，人民出版社2021年版，第7页。
② 《中国共产党第十九届中央委员会第五次全体会议文件汇编》，人民出版社2020年版，第81—82页。

充分利用国内国际两个市场两种资源,积极促进内需和外需、进口和出口、引进外资和对外投资协调发展,进而取得比较优势,建设贸易强国。正如《建议》指出:"新发展格局决不是封闭的国内循环,而是开放的国内国际双循环。推动形成宏大顺畅的国内经济循环,就能更好吸引全球资源要素,既满足国内需求,又提升我国产业技术发展水平,形成参与国际经济合作和竞争新优势。"[1]

其次,构建新发展格局,要抓住扩大内需这一战略基点。之所以将扩大内需作为构建新发展格局的战略基点,是因为扩大内需有利于实现国际国内双循环的良性发展。《建议》指出,在构建新发展格局中,为形成强大的国内市场,必须"坚持扩大内需这个战略基点,加快培育完整内需体系,把实施扩大内需战略同深化供给侧结构性改革有机结合起来,以创新驱动、高质量供给引领和创造新需求。要畅通国内大循环,促进国内国际双循环,全面促进消费,拓展投资空间"[2]。而提出扩大内需的现实考量在于:"近年来,中国市场和资源两头在外的发展模式已经悄然改变,外贸依存度由 2006 年的 67% 下降到 2019 年的近 32%,经常项目顺差同国内生产总值比率由 2007 年的 9.9% 降至现在的不到 1%。2008 年国际金融危机发

---

[1] 《中共中央关于制定国民经济和社会发展第十四个五年规划和二〇三五年远景目标的建议》,人民出版社 2020 年版,第 53 页。
[2] 《中国共产党第十九届中央委员会第五次全体会议文件汇编》,人民出版社 2020 年版,第 12 页。

生以来,中国国内需求对经济增长的贡献率有 7 个年份超过 100%,国内消费成为经济增长的主要动力。"① 坚持扩大内需就要畅通国内大循环。"依托强大国内市场,贯通生产、分配、流通、消费各环节,打破行业垄断和地方保护,形成国民经济良性循环。优化供给结构,改善供给质量,提升供给体系对国内需求的适配性。推动金融、房地产同实体经济均衡发展,实现上下游、产供销有效衔接,促进农业、制造业、服务业、能源资源等产业门类关系协调。破除妨碍生产要素市场化配置和商品服务流通的体制机制障碍,降低全社会交易成本。完善扩大内需的政策支撑体系,形成需求牵引供给、供给创造需求的更高水平动态平衡。"②

再次,构建新发展格局,要加快建设全国统一大市场。2022 年 4 月 10 日,《中共中央国务院关于加快建设全国统一大市场的意见》(以下简称《意见》)发布,《意见》开篇指出,"建设全国统一大市场是构建新发展格局的基础支撑和内在要求"③。我国人口众多、幅员辽阔,具有超大规模市场,但由于长期的地方保护和市场分割等因素的影响,并没有形成一个统一的超大规模市场,而是条块分割的国内市场。这不利于激发

---

① 《习近平在亚太经合组织第二十七次领导人非正式会议上的讲话》,人民出版社 2020 年版,第 3—4 页。
② 《中国共产党第十九届中央委员会第五次全体会议文件汇编》,人民出版社 2020 年版,第 35—36 页。
③ 《中共中央国务院关于加快建设全国统一大市场的意见》,人民出版社 2022 年版,第 1 页。

国内市场活力和发挥超大规模市场的整体优势，对于拉动内需、增强创新活力、提高竞争力和参与更高水平的国际大循环具有不利影响。近年来，在新冠肺炎疫情防控的背景下，资源要素流动受到一定影响，给国内大循环高效运转带来了阻碍。只有国内市场高效联通，打通地方壁垒、区域壁垒、行业壁垒、部门壁垒，打通从市场效率提升到劳动生产率提高、居民收入增加、市场主体扩大、供给质量提升、需求优化升级的通道，努力形成供需互促、产销并进、畅通高效的国内大循环，才能扩大市场规模容量，全面推动我国市场由大到强转变，增强对全球产业、资源的强大吸引力。《意见》从强化市场基础制度规则统一、推进市场设施高标准联通、打造统一的要素和资源市场、推进商品和服务市场高水平统一、推进市场监管公平统一、进一步规范不当市场竞争和市场干预行为等方面提出了加快建设全国统一大市场的具体措施，为加快构建新发展格局提供了保障。

最后，构建新发展格局，要把坚持全面深化改革与更高水平对外开放结合起来。构建新发展格局，表面上看是发展问题，但由于它事关全局的系统性、深层次变革，因此，从本质上讲又是改革问题。改革是社会发展的动力之源，"中国改革开放40多年的实践表明，改革是解放和发展社会生产力的关键。随着中国进入新发展阶段，改革也面临新任务，我们将拿出更大勇气、更多举措破除深层次体制机制障碍，推进国家治理体系和治理能力现代化。我们将不断提高贯彻创新、协调、绿色、开放、共享新发展理念的能力和水平,转变发展方式,推动质量变革、效率变革、动力变革,加快现代化经济体系建设,加强产权和知识产权保护,建设高标准市场体系,完善公平竞争制度,让各类市场主体活力充分涌流"①。同时,全面深化改革也离不开更高水平的对外开放。党的十九届六中全会审议通过的《中共中央关于党的百年奋斗重大成就和历史经验的决议》深刻指出,"开放带来进步,封闭必然落后;我国发展要赢得优势、赢得主动、赢得未来,必须顺应经济全球化,依托我国超大规模市场优势,实行更加积极主动的开放战略"②。习近平总书记指出,以开放促改革、促发展,是我国现代化建设不断取得新成就的重要法宝。没有开放,全面深化改革将无法彻底进行。开放对于改革,既有"倒逼效应"和"锁定效应",也有引领方向和塑造动力的作用。通过开放,我们可以看到其他国家的优势,看到自身的差距,同时也可以促使自身以更高的要求和标准参与国际秩序,还可以吸收借鉴国外的先进经验和科学技术,从而推动改革。

新发展格局决不是封闭的国内循环,而是开放的国内国际双循环。当前中国经济与世界经济高度融合,是你中有我、我中有你的关系,历史告诫我们,闭关锁国的路走不通,必须实

---

① 《习近平在亚太经合组织第二十七次领导人非正式会议上的讲话》,人民出版社 2020 年版,第 5 页。
② 《中共中央关于党的百年奋斗重大成就和历史经验的决议》,人民出版社 2021 年版,第 38 页。

行开放。而中国会不断地、主动地扩大开放，这既是中国自身利益的需要，也有利于世界经济的发展。正如习近平总书记强调的，不仅中国经济是一片大海，世界经济也是一片大海，"世界大海大洋都是相通的，任何人企图人为阻碍世界大海大洋相通，都只能是一种不自量力的幻想！加快构建新发展格局，要更好统筹国内国际两个市场两种资源，增强资源配置能力，提高对资金、信息、技术、人才、货物等要素配置的全球性影响力"[①]。因此，构建新发展格局，既要做大国内市场，带动自身发展，也要扩大开放，给外资、外国产品和服务带来更多机会。

习近平总书记指出，"时代在变化，社会在发展，但马克思主义基本原理依然是科学真理。尽管我们所处的时代同马克思所处的时代相比发生了巨大而深刻的变化，但从世界社会主义500年的大视野来看，我们依然处在马克思主义所指明的历史时代"[②]。习近平新时代中国特色社会主义思想作为当代中国马克思主义、二十一世纪马克思主义、中华文化和中国精神的时代精华，时刻聚焦党和国家发展事业中的一系列重大理论和实践问题，在坚持和发展中国特色社会主义过程中，回答了新时代坚持和发展什么样的中国特色社会主义、怎样坚持和发展中国特色社会主义，建设什么样的社会主义现代化强国、怎样建设社会主义现代化强国，建设什么样的长期执政的马克思主

[①] 习近平：《在浦东开发开放30周年庆祝大会上的讲话》，人民出版社2020年版，第9页。
[②]《习近平谈治国理政》第二卷，外文出版社2017年版，第66页。

义政党、怎样建设长期执政的马克思主义政党等重大时代课题，深化了对共产党执政规律、社会主义建设规律和人类社会发展规律的认识。它既坚持了科学社会主义的基本原则，又具有鲜明的中国特色，在运用马克思主义基本原理指导当代中国特色社会主义的实践中言明了马克思主义真理的力量，不仅对当代中国，而且对世界都产生着重大而深远的影响。这是对"马克思主义为什么行"的最好回答，也是马克思主义永葆生机活力的奥秘所在。

第四章

永恒的魅力

马克思主义是科学的世界观和方法论，是无产阶级和全人类解放的学说，具有永恒的魅力。马克思主义诞生于19世纪四五十年代，它一诞生就启发了无产阶级的革命觉悟，成为推动欧洲工人运动蓬勃发展的强大力量。20世纪是马克思主义由科学理论走向现实制度的大转变时期，世纪之初，列宁领导下的布尔什维克发动十月革命，使社会主义从科学理论变为现实制度，打破了资本主义一统天下的世界格局；20世纪中后期在马克思列宁主义的指导下，一批社会主义国家诞生，社会主义从一国发展到多国。同时，世界被压迫民族和国家的民族解放运动取得广泛胜利，帝国主义殖民体系崩溃。20世纪末期，苏联解体、东欧剧变，一些社会主义国家改旗易帜，世界社会主义运动跌入低谷，马克思主义在世界的发展遭遇挫折，面临着严峻挑战。

"黑云压城城欲摧"，面对严峻形势，邓小平坚定地指出："我坚信，世界上赞成马克思主义的人会多起来的，因为马克思主义是科学。……因此，不要惊慌失措，不要认为马克思主义就消失了，失败了。哪有这回事！"中国共产党人顶住压力，团结和带领中国人民，坚持以经济建设为中心，坚持四项基本原则，坚持改革开放，以高度的战略定力，积极推动中国特色社会主义事业不断进步。经过长期努力，中国特色社会主义进入新时代，中国以发展证明了社会主义制度的优越性，使马克思主义焕发出新的强大的生命活力。

第一节　指导国际共产主义运动

马克思主义不仅是科学的理论，而且还是无产阶级革命的指南。在整个国际共产主义运动的历史中，马克思主义紧紧与无产阶级的革命实践相联，引领国际共产主义运动的正确方向，并在国际共产主义运动过程中得到不断丰富和发展。

一、马克思主义的诞生与共产主义者同盟的建立

19世纪三四十年代，欧洲的工人运动此起彼伏，伴随着工人运动的发展，工人建立了工人联合会，作为同资本家进行斗争、争取自身权益的组织。在为经济利益而斗争的过程中，工人还建立了一些政治性组织，例如，英国的宪章协会、法国的四季社和德国的正义者同盟等。但是这些团体在组织

上比较涣散，斗争策略上具有密谋性和宗派性，在指导思想上受到各种社会主义流派的影响，很难带领无产阶级取得斗争胜利。马克思恩格斯认识到，建立一个由科学的社会主义理论指导的、由无产阶级先进分子组成的革命政党非常紧迫和必要。

1846年初，马克思恩格斯在比利时首都布鲁塞尔建立了共产主义通讯委员会，通过这个委员会，马克思恩格斯同法、德、英、比利时、波兰等国的社会主义团体和社会主义者们取得了广泛联系，并在西里西亚、伦敦、巴黎等地建立了共产主义通讯小组。当时欧洲各国有很多秘密或半公开的工人革命团体，正义者同盟最具国际性，马克思恩格斯认为经过改造，有可能把它建成国际性的无产阶级政党。1847年6月2—9日，正义者同盟在伦敦召开大会，马克思由于经济拮据没能出席此次大会，恩格斯作为巴黎支部的代表参加了此次会议。会议同意把正义者同盟改名为共产主义者同盟，通过了由恩格斯为同盟起草的纲领《共产主义信条草案》，接受了马克思恩格斯提出的"全世界无产者，联合起来！"的口号，代替了以前"人人皆兄弟"的口号。

1847年11月，共产主义者同盟召开第二次代表大会，大会委托马克思恩格斯为同盟起草一个纲领，马克思恩格斯很快完成了任务，并于1848年2月发表了这个纲领，这份纲领就是《共产党宣言》。《共产党宣言》首先以德文在伦敦公开发表，后来又被译成各国文字，在全世界传播。据研究统计，《共产党宣言》发表170多年来，它在全世界已经用200多种语言文字出版，有一千多个版本，成为世界上发行量最大的社会政治和人文社会科学著作。①《共产党宣言》是共产党人的圣经，也是全人类共同的精神财富，即使是在美国这样的资本主义国家，《共产党宣言》也进入了大学生的阅读书目。2016年，有关专家统计，《共产党宣言》是美国历史课上选用的第三大著作；2015年，英国人经过网上投票，选出了人类历史上最具影响力的学术著作：达尔文的《物种起源》高居榜首，位列第二的就是马克思恩格斯合著的《共产党宣言》。②

共产主义者同盟是第一个世界性的共产党组织，是第一个以马克思主义为指导的无产阶级政党。《共产党宣言》是马克思主义的出生证，它的发表标志着马克思主义的诞生。随着1848年欧洲革命的到来，马克思恩格斯积极投身于欧洲的革命运动，亲自参加德国革命，并指导无产阶级的革命斗争。在1848—1949年的欧洲革命中，无产阶级虽然没有取得胜利，但马克思主义学说的真理经受住了革命的考验，马克思主义得到了广泛传播，对工人运动产生了巨大影响，无产阶级的阶级意识受到了启发，革命性、团结性得到了提升。

---

① 杨金海：《〈共产党宣言〉在世界的翻译传播及其影响——纪念〈共产党宣言〉发表170周年》，《中共福建省委党校学报》2018年第2期。
② 杨金海：《〈共产党宣言〉在世界的翻译传播及其影响——纪念〈共产党宣言〉发表170周年》，《中共福建省委党校学报》2018年第2期。

二、在战斗中前进的马克思主义与第一国际的创立

1848年欧洲革命失败后,随着资本主义经济快速发展,无产阶级的队伍也在不断壮大,工人运动从低潮中逐渐走了出来。19世纪60年代初,欧美的工人运动出现了新的高潮,建立各国工人的联合组织恰逢其时又非常必要。马克思指出:"劳动的解放既不是一个地方的问题,也不是一个国家的问题,而是涉及存在现代社会的一切国家的社会问题,它的解决有赖于最先进的国家在实践上和理论上的合作;目前欧洲各个最发达的工业国工人阶级运动的新高涨,在鼓起新的希望的同时,也郑重地警告不要重犯过去的错误,要求立刻把各个仍然分散的运动联合起来。"①

1864年9月28日,来自英国、法国、德国、意大利和波兰等国的工人代表在伦敦圣马丁教堂举行工人代表大会。在这次会议上决定成立"国际工人协会",简称"国际",即"第一国际"。会议上选出了由英、法、德、意等国21个工人代表组成的总委员会,作为"国际"中央领导机构。马克思作为德国工人代表被选入总委员会,担任德国通讯书记。

"国际"成立后的第一项任务就是制定纲领和章程,在撰写这两份文件时,马克思坚持原则性和灵活性相结合,认为必须坚持在《共产党宣言》中就已明确的科学社会主义的基

---

① 《马克思恩格斯文集》第3卷,人民出版社2009年版,第226页。

本原则，否则各国工人运动就很难获得团结和统一。同时，马克思还考虑到各国工人运动的发展不一，各种社会主义流派在各国工人运动中有不同影响力，主张实施灵活的策略，在词句上对各种流派作无损于原则的让步，以便将他们团结在国际工人协会中。在《国际工人协会宣言》中，马克思介绍了1848—1864年工人阶级的贫困状况，认为资本主义工业和贸易无论多么发展，都无法消除劳动群众的贫困状态；肯定了工人阶级争取十小时工作日法案和进行劳动合作的重大意义；最后指出"工人的一个成功因素就是他们的人数；但是只有当工人通过组织而联合起来并获得知识的指导时，人数才能起举足轻重的作用"[①]。《国际工人协会临时章程》后经多次补充和修改形成了《国际工人协会共同章程》，章程对协会的任务、组织机构、组织原则等作了规定，指出无产阶级组织成为政党的必要性。

在第一国际存续的12年间，马克思恩格斯致力于自上而下促进各国建立工人阶级的政党，领导工人阶级的解放运动。12年间，第一国际在18个国家成立了支部，拥有约10万名会员，召开过400余次会议，在反对资本主义统治和争取无产阶级解放方面取得了很多成就，为国际共产主义运动作出了贡献。

在第一国际的早期活动中，成员深受法国小资产阶级社会

[①]《马克思恩格斯文集》第3卷，人民出版社2009年版，第13—14页。

主义者蒲鲁东思想的影响，并且蒲鲁东主义对西欧工人运动的影响也很大。蒲鲁东想通过一系列的社会改良计划实现"自由社会"，他反对一切阶级斗争，尤其反对暴力革命。这些空洞的、改良主义的、阶级和平的幻想给工人运动带来了极大的危害。马克思不得不与第一国际中的蒲鲁东主义者进行斗争，马克思在第一国际前三次代表大会上，对蒲鲁东的哲学思想、经济学观点和社会改良方案进行彻底的批判，逐渐在国际中确立科学社会主义理论的地位。

除了法国的蒲鲁东主义，马克思恩格斯还同德国的拉萨尔主义、英国的工联主义进行斗争。1860年代末，当马克思恩格斯逐渐战胜蒲鲁东主义、拉萨尔主义和工联主义等右倾思想，国际共产主义运动内部又出现了一种新的、用某些"左"的革命词句掩盖起来的反革命的巴枯宁主义。① 巴枯宁主义是一种狂热的小资产阶级政治思想，是对蒲鲁东的无政府主义的发展，其立足点是极端的个人主义。针对巴枯宁主义反对一切权威和国家的谬论，马克思阐明了科学的国家观，指出无产阶级通过革命将建立无产阶级专政，在消灭私有制和阶级的基础上，国家最终自行消亡。恩格斯撰写了《论权威》一文，阐明了马克思主义的权威观，指出权威和国家不同，权威是不会被消灭的。

1871年，法国爆发了巴黎公社革命。1871年3月18日建

---

① 本书编写组：《国际共产主义运动史——从马克思主义诞生至十月社会主义革命胜利》，人民出版社1978年版，第228页。

立的巴黎公社是人类历史上第一个工人阶级政权。第一国际积极支持了巴黎公社革命。恩格斯说:"公社无疑是国际的精神产儿,尽管国际没有动一个手指去促使它诞生;要国际在一定程度上对公社负责是完全合理的。"①第一国际巴黎支部的一些成员在巴黎公社中担任重要职务,如公社里杰出的领导者财政委员兼军事委员瓦尔连、公社的著名将领杜瓦尔等都是第一国际的会员。马克思恩格斯都非常关注巴黎公社革命的发展动态。巴黎公社革命发生后的第三天,第一国际总委员会召开会议,恩格斯在会上详细报道了巴黎的事变。这次会议还按照马克思的建议,通过决议,号召各国工人阶级支持和声援巴黎公社。马克思在评价巴黎公社的伟大意义时说:"工人阶级反对资本家阶级及其国家的斗争,由于巴黎的斗争而进入了一个新阶段。不管这件事情的直接结果怎样,具有世界历史意义的新起点毕竟是已经取得了。"②

1872年,第一国际第五次代表大会在荷兰海牙举行。第一国际中的马克思主义者同巴枯宁主义者之间的斗争更为激烈。巴枯宁主义者企图分裂第一国际,取得第一国际的领导权,但他们的阴谋没有得逞。在海牙代表大会上,鉴于第一国际在欧洲的活动已经变得极为困难,总委员会的领导权有被工联主义者和布朗基主义者篡夺的危险,再加上当时美国的工人运动正

---

① 《马克思恩格斯文集》第10卷,人民出版社2009年版,第398—399页。
② 《马克思恩格斯文集》第10卷,人民出版社2009年版,第354页。

在兴起，恩格斯提议把总委员会的驻地由伦敦迁往纽约。最终代表大会通过了这项提议。总委员会迁到纽约后几乎失去了与欧洲各支部的联系，成为主要代表美国工人阶级的组织。1874年9月，恩格斯在致左尔格的信中说："可是现在，国际在美国也没有威望了。任何想注入新生命的进一步的努力，都会是愚蠢而徒劳的。"① 恩格斯并没有因此而灰心，而是指出："10年来，国际支配了欧洲历史的一个方面，即蕴藏着未来的一个方面，它能够自豪地回顾自己的工作。可是，它的旧形式已经过时了。要创立一个像旧国际那样的新国际，即世界各国各无产阶级政党的联盟……我相信，下一个国际——在马克思的著作产生了多年的影响以后——将是纯粹共产主义的国际，而且将直截了当地树立起我们的原则。"② 根据马克思的提议，总委员会于1876年7月15日在美国费城召开最后一次代表会议，这次会议宣告了第一国际的解散。第一国际解散了，但工人阶级运动的国际联系并没有中断。恩格斯1878年回顾第一国际的解散时总结道："工人阶级运动的发展水平，已经使任何这类形式上的联盟变得不仅是不必要的甚至也是不可能的。但是这个伟大的无产阶级组织不仅完全实现了自己的任务，而且它本身仍然继续存在着，比过去任何时候都更强有力，它的存在体现于远为更加强大的团结一致的联盟之中，体现于如今鼓舞着

---

① 《马克思恩格斯文集》第10卷，人民出版社2009年版，第399页。
② 《马克思恩格斯文集》第10卷，人民出版社2009年版，第399页。

全欧洲工人阶级的那种行动上和政策上的一致性之中,这种一致性肯定无疑就是它本身的功绩,也是它的最伟大的功绩。"①

第一国际为国际共产主义运动作出了重要贡献。第一,第一国际积极参与支持工人阶级争取自身权益的活动,支持欧洲各国工人的罢工运动。如,1866年资本主义国家又爆发了新的经济危机,工人的生活状况急剧恶化,失业人数上升,在欧洲各国掀起了罢工的浪潮。第一国际在各国组织发动捐献物资和资金,支援各国的工人罢工。第二,第一国际支持各国进步的政治运动。如,支持英国工人争取普选权的斗争,支持法国工人反对波拿巴政权的斗争,支持巴黎公社革命等。第三,第一国际还支持被压迫民族的民族解放运动。如,支持波兰的民族独立运动,支持爱尔兰民族反对英国殖民统治的斗争,在美国南北战争中大力支持反对南方奴隶主的战争等。第四,第一国际在欧洲和北美广泛传播了马克思主义并将马克思主义应用到指导各国工人运动的实践中。第五,第一国际在马克思恩格斯的领导下,战胜了蒲鲁东主义、拉萨尔主义、工联主义、巴枯宁主义等思潮,马克思主义在与形形色色的主义的论辩中发扬光大,逐步成为国际工人运动的理论旗帜。

---

① 《马克思恩格斯全集》第25卷,人民出版社2001年版,第169页。

三、马克思主义的丰富发展与第二国际的创立

1883年3月14日,伟大的革命导师马克思与世长辞,恩格斯在马克思的墓前,怀着悲痛的心情说:"这个人的逝世,对于欧美战斗的无产阶级,对于历史科学,都是不可估量的损失。这位巨人逝世以后所形成的空白,不久就会使人感觉到。"①从此,指导国际共产主义运动的繁重任务落在了恩格斯的肩上。

19世纪80年代后期,资本主义的发展出现了一些新变化,自由资本主义逐渐向垄断资本主义过渡,生产更加集中;代议制民主政治制度日趋完善,公民的普选权扩大,工人通过合法手段争取普选权的斗争取得一定胜利;国际工人运动在经历过巴黎公社失败后的低谷期又出现了新的高涨形势,国际工人运动的发展呼唤一个新的国际工人联合组织。与此同时,一些非马克思主义的流派已经开始着手建立新的"国际"。以马隆、布鲁斯等机会主义者为首的法国可能派、英国的社会民主党人联盟及工联等组织,1888年在伦敦召开了世界工人代表大会,并决定于1889年7月在巴黎召开国际工人代表大会并成立第二国际。为了与可能派争夺国际工人运动的领导权,恩格斯亲自指导德国的社会活动家展开与可能派的斗争。在恩格斯的领导下和各国马克思主义者的共同努力下,1889年7月14日,即法国资产阶级革命攻破巴士底狱一百周年纪念日时,第二国

---

① 《马克思恩格斯文集》第3卷,人民出版社2009年版,第601页。

际成立。

第二国际成立后积极领导各国的工人运动。第二国际中的马克思主义者坚决捍卫马克思主义的革命斗争策略，在一些根本性和原则性问题上同机会主义者、修正主义者进行坚决斗争，在斗争中丰富和发展了马克思主义。

第一，在第二国际的前期活动中，以恩格斯为首的马克思主义者同无政府主义、右倾机会主义进行了坚决的斗争，在新的形势下进一步丰富和发展了马克思主义。19世纪末期以来，资本主义进入和平发展时期。面对资本主义的新变化，恩格斯提出无产阶级新的斗争策略问题，认为存在利用普选权开展合法化的斗争的可能性。

第二，第二国际促进了各国社会主义政党的成长和发展。这一时期，社会主义性质的政党在数量上有所增加，社会主义政党的成员人数也大大增加，马克思主义的影响力进一步增大。据统计，第一国际时期，只有一个社会主义政党即1869年建立的德国社会民主工党，拥有1万多名党员；1889年第二国际建立时，世界上也仅有15个社会主义工人政党。到1914年，第二国际已是欧、美、亚、非四大洲30个社会主义政党的国际联合组织，共拥有300多万名党员。同时，第二国际还拥有强大的工会组织、妇女组织和青年组织。①

---

① 林建华：《第一国际、第二国际、第三国际的历史贡献新论》，《中国浦东干部学院学报》2017年第7期。

第三，第二国际开创的"五一"国际劳动节在世界范围内产生了广泛持久的影响。为了纪念美国工人1886年5月1日的总罢工斗争，第二国际在诞生之时就通过了关于"五一"国际劳动节的决议，定于1890年5月1日举行总罢工。决议的通过，为团结全世界劳动者争取自身权益起到了重大的促进作用。

第四，第二国际代表大会上通过的关于斗争策略、反对战争和军国主义、反对殖民主义和实行民族自决、农民的土地问题等决议，对于明确国际共产主义运动的方向、路线，各国无产阶级反对资本主义剥削以及反对帝国主义的战争具有积极意义。

恩格斯逝世以后，由于第二国际缺乏精神领袖，出现了思想上和组织上的巨大分裂。这是因为，第二国际创立之初就非常庞杂松散，没有正式的规章制度和明确的共同纲领，没有总的机关刊物，参加第二国际的各个组织也没有统一的名称，参加第二国际的成员除了社会民主党以外，还有工会、合作社、文化团体等组织。第二国际分裂为左、中、右三派，即以罗莎·卢森堡为代表的坚决捍卫马克思主义的左派、以考茨基为代表的中派和以伯恩斯坦为代表的全面"修正"马克思主义的右派。

第二国际虽然破产了，但是在其活动期间，马克思主义在国际上得到了广泛传播，马克思主义也在与各种思想思潮的斗争中经受住了考验，特别是恩格斯在指导各国工人建党和斗争实践中，从资本主义新情况、工人运动新形势出发，丰富和发展了马克思主义，把马克思主义发展推向一个新的阶段。同时，随着第一次世界大战接近尾声，社会主义在东方社会实现了从理论到现实的历史性飞跃，开创了人类历史的新纪元，也开辟了马克思主义发展的新境界。

四、社会主义从理论向制度的飞跃

1917年二月革命后，俄国出现了工兵代表苏维埃和资产阶级临时政府两个政权并存的局面，面临着向何处去的问题。列宁认为，代表无产阶级利益的布尔什维克武装起义的时机已经日益成熟。1917年11月7日（俄历10月25日），二十多万名士兵和起义工人迅速占领了彼得格勒的各个战略要地，临时政府被推翻，政权转归苏维埃。革命的形势迅速在全国范围内扩展，1918年2—3月，苏维埃政权在全国范围内得以建立，无产阶级掌握了政权，十月革命取得了伟大胜利。

十月革命的胜利鼓舞了无产阶级的革命斗争，鼓舞了世界上殖民地和半殖民地国家及地区的民族民主解放运动。十月革命后，欧洲各国相继爆发了无产阶级革命。1918年1月，芬兰率先发动革命；1918年11月，德国爆发革命；1919年3月，匈牙利爆发无产阶级革命，工人阶级推翻资产阶级共和国，建立苏维埃政权；1919年4月，德国巴伐利亚建立苏维埃政权；1920年，意大利爆发工人夺取工厂、农民夺取土地的斗争。除了欧洲革命，1918年8月，日本发生了"米骚动"事件，被压迫的无产阶级同地主、资本家展开直接斗争。中国、朝鲜、越南、印度、土耳其等国家都掀起了大规模的民族民主革命运动。

十月革命推动了马克思列宁主义在全世界范围内的传播,促进了各国马克思主义政党的建立。在十月革命的影响下,1918年,德国、波兰、匈牙利、阿根廷等7国建立了共产党、工人党;1919年,美国、保加利亚、墨西哥等6国建立了马克思主义政党;1920年,英国、法国、印度尼西亚、乌拉圭等9国建立了马克思主义政党;1921年,中国、意大利、罗马尼亚、捷克等7国建立了马克思主义政党。[①]

十月革命开辟了经济文化落后国家走向社会主义的新路径。社会主义革命能不能在经济文化落后国家率先爆发?俄国是否具备实行社会主义的客观经济条件,单靠自身的力量能否建成社会主义?对于这些问题,在当时的国际共产主义运动中,甚至在俄国共产党内部都存在着争论。以列宁为代表的布尔什维克从俄国国情出发,认为经济文化落后的俄国可以首先采用革命的手段推翻旧制度,然后再为建成社会主义创造物质基础。十月革命胜利后,在列宁的领导下,俄国开始在理论上和实践上探索在经济文化落后的国家如何建设社会主义的问题,为后来的社会主义国家提供了一定的经验借鉴。

---

① 本书编写组:《国际共产主义运动史——从马克思主义诞生至十月社会主义革命胜利》,人民出版社1978年版,第710页。

1924年列宁逝世后，斯大林逐渐确立了在苏联共产党内的领导地位，领导形成了苏联社会主义模式。斯大林领导苏联人民长达30年，建立了苏联社会主义的基本制度和具体体制，实施了建设社会主义的方针、政策。苏联社会主义模式的基本内容包括两个方面：一是有关发展战略、建设社会主义的方针政策，如采取优先发展重工业，迅速实现社会主义工业化的战略；二是制度，即社会主义制度下具体的政治经济体制和运行机制。在斯大林的领导下，苏联通过两个五年计划，快速提高了生产力，实现了从落后的农业国向工业国的转变，建立了社会主义公有制，还击退了德国法西斯主义的侵略。

第二次世界大战后，欧洲、亚洲、拉丁美洲的社会主义国家，如东欧的波兰、捷克斯洛伐克、保加利亚、匈牙利、罗马尼亚、德意志民主共和国，南欧的南斯拉夫、阿尔巴尼亚，亚洲的中国、越南、朝鲜、老挝、蒙古和拉丁美洲的古巴等，都深受苏联模式的影响。这些国家走上社会主义道路后面临着如何建立新社会、建设社会主义的问题。除了根据自己对科学社会主义的理解之外，这些国家就只能根据苏联的实践经验去建设社会主义。苏联社会主义建设取得的巨大成就，必然吸引正在探索社会主义建设道路的国家采取苏联模式。苏联模式在历史上曾经发挥过重要的积极作用，但后来逐渐僵化，并最终走向失败。

20世纪80年代末90年代初发生了震惊整个世界的苏联解体、东欧剧变。1991年12月25日，苏联宣告解体。随着社会主义大国苏联的解体，东欧国家的社会主义政权也接连倒台。苏联解体、东欧剧变对国际共产主义运动是一次沉重打击，从此，国际共产主义运动陷入低潮，而中国以自己的发展奇迹，充分彰显了马克思主义的科学性，肯定性地回答了"马克思主义为什么行"这一重大理论问题。

第二节　马克思主义的世界影响

马克思主义在全世界范围内都有着重大的影响，马克思和恩格斯去世后，马克思主义并没有沉寂。作为一种思想资源，马克思主义在世界范围内广泛传播，在理论界得到了深入研究，以马克思主义命名的研究机构众多且活跃；作为指导思想和行动指南，马克思主义在社会主义国家的建设实践中得到不断的丰富发展，形成马克思主义新的理论成果；亚非拉广大地区一些政党也在尝试理解并用马克思主义作指导，向社会主义方向发展，赋予马克思主义以本地区、本民族特色；苏联解体、东欧剧变之后，当地马克思主义经历了一个短暂的沉寂期，但随后俄罗斯东欧地带一些政党和组织又重新开始重视马克思主义这笔思想财富，对自己过往的社会主义实践进行反思。

一、西方马克思主义的流变

马克思主义产生于西欧社会,尽管今天西方没有建立起以马克思主义为指导的社会主义制度,但马克思主义在西方思想理论界从未缺席,而且随着经济社会的发展,西方思想理论界对马克思主义的研究也在不断深入。西方马克思主义,是世界研究马克思主义的一支重要学术力量。当然,他们提出的许多观点有悖于马克思主义,我们不能接受和照搬这些观点,但他们对马克思恩格斯著作的文本研究还是比较深入的。以"马克思主义"之名来自称,也足以证明他们对马克思主义精神遗产的重视,对马克思主义在人类思想史上的重要地位的肯定。

西方马克思主义产生于 20 世纪 20 年代。第一次世界大战给资本主义经济发展带来了深重灾难,资本主义社会的矛盾更加尖锐。资本主义如何摆脱困境,成为当时人们普遍思考的一个重大问题。当时,俄国在马克思主义理论的指导下,取得了无产阶级革命的胜利,建立了世界上第一个社会主义国家。在俄国革命取得胜利的鼓舞下,欧洲其他国家也相继爆发了无产阶级革命,形成了欧洲革命的高潮,但这些国家的无产阶级革命相继宣告失败。在这样的历史背景下,西方国家一些共产党人和马克思主义者开始反思:"为什么无产阶级革命在经济文化落后的俄国取得了胜利,而欧洲无产阶级革命却失败了?"于是,他们积极探索不同于俄国革命的道路,重新解释和极力改造马克思主义理论,从而形成了既不同于经典马克思主义又区别于资产阶级思想的具有自身特点的西方马克思主义。

西方马克思主义既以马克思主义自居,又批判马克思主义,宣扬马克思主义的开放性、多元性,主张用各种西方社会思潮来解释、补充和重建马克思主义,以实现马克思主义的"现代化";既批判资本主义工业文明,又批判现实的社会主义。① 西方马克思主义产生以后获得了很大发展,成为在世界上有广泛影响的社会思潮。在其发展的过程中,它逐渐从欧洲各共产党内部的一股"左"的思潮演变为超越党派范围的多种多样的学术流派。西方马克思主义的发展,大致可以划分为四个时期。

第一个时期,20 世纪 20—30 年代西方马克思主义的形成时期。在这一时期,作为欧洲共产党内部的一股"左"派思潮,西方马克思主义对第二国际和第三国际领导人和理论家的思想进行批评,从不同角度探讨了欧洲革命失败的原因,试图寻找欧洲革命新的出路。匈牙利学者、思想家和社会活动家格奥尔格·卢卡奇、奥地利社会活动家卡尔·柯尔施和意大利共产党早期重要领导人安东尼奥·葛兰西是西方马克思主义的主要创始人和第一代代表人物,他们都加入了共产主义组织,都是共产党员,同时也是马克思主义理论家。

---

① 铁省林、房德玖主编:《国外马克思主义概论》,山东人民出版社 2012 年版,第 16 页。

西方马克思主义者将欧洲革命失败的原因归结为无产阶级丧失了革命意识，认为无产阶级的革命意识是革命取得胜利的主观条件。卢卡奇于1923年发表的《历史与阶级意识》一书被视为西方马克思主义的奠基之作，仅从书名就可以看出"阶级意识"在卢卡奇思想中占据重要地位。资产阶级通过改善工人的劳动条件，加强社会福利保障制度建设，进行资产阶级意识形态的欺骗宣传，使无产阶级丧失了阶级意识和革命动力。因此，在先进的资本主义国家发动无产阶级革命，首先需要重建工人阶级的阶级意识和革命意识，使他们意识到资本主义的虚伪性和自身受剥削、受压迫的事实。

同时，西方马克思主义者把欧洲革命的出路寄托在"总体革命"上。（"总体革命"主张不仅要进行政治革命和经济革命，更重要的是要进行思想革命、文化革命和心理革命，从"总体"上改变资本主义社会。）他们认为，资产阶级的统治依靠的不仅仅是政权、暴力和经济剥夺，更多的是意识形态控制，因此，在西方社会革命的首要任务不是政治革命，而应当是文化革命，是同资产阶级争夺意识形态领导权。早期西方马克思主义者的思想和共产国际的指导思想相对立，他们遭到了理论上的批判和组织上的制裁，如柯尔施被德国共产党开除出党，卢卡奇和柯尔施的观点被共产国际称为"理论上的修正主义"。

后来，西方马克思主义的发展逐渐脱离了共产党组织和无产阶级革命实践，一些与共产党组织毫无关系的学院派知识分子开始接受和研究马克思主义，他们从自身的立场出发，对马克思主义进行"借鉴""重新解释""补充"甚至"重构"。他们的很多观点存在着对马克思主义的误读,或者与马克思主义理论相悖。但不可否认,他们对于马克思主义在世界范围内的传播具有积极意义。

第二个时期,20世纪30年代至60年代西方马克思主义发展的鼎盛时期。这是西方马克思主义产生重大社会影响的时期,同时也是各种马克思主义流派之间展开交流、交锋的时期。在这一时期,形成了多种多样的独立流派,例如法兰克福学派、存在主义马克思主义、弗洛伊德主义马克思主义、结构主义马克思主义、新实证主义马克思主义等,特别是法兰克福学派在这一时期得到了很大发展。这一时期,西方马克思主义的研究主要围绕以下几个方面展开。

一是研究法西斯主义形成的心理根源。20世纪30年代,纳粹主义在深陷于资本主义经济危机的德国崛起,德国工人阶级未能起来制止它,下层中产阶级(小店主、手工业主、白领工人等)还狂热拥护它。一些西方马克思主义者致力于从心理学的角度分析法西斯主义的根源,代表性作品有赖希的《法西斯主义的大众心理学》、弗洛姆的《逃避自由》等。弗洛姆认为,尽管社会经济和政治根源是纳粹主义崛起的根本原因,但纳粹意识形态得到大众的狂热拥护并占统治地位,必须从心理学上得到解释。①

---

① 郭永玉:《孤立无援的现代人》,湖北教育出版社1999年版,第215页。

二是致力于对发达工业文明进行全面批判。经过20世纪上半叶的两次世界大战,西方马克思主义者看到了技术理性的悖论:一方面,科学技术的飞速发展使人征服自然,创造物质财富的能力空前提高,人展示出前所未有的创造力;另一方面,人的创造性活动的结果并非必然是对人的本质力量的确证,相反,现代人处于普遍的异化之中。他们继承了马克思主义的批判精神,对资本主义工业文明展开全面批判,但在内容和方法上又不同于马克思主义,他们侧重从文化和上层建筑层面对当代资本主义社会进行批判,对启蒙精神、工具理性、科学技术、大众文化进行反思。其中最有影响力的是以霍克海默、阿多诺、马尔库塞、弗洛姆、哈贝马斯等人为代表的法兰克福学派,以萨特、梅洛-庞蒂、列斐伏尔为代表的存在主义马克思主义,他们继承了卢卡奇等人所开创的人本主义西方马克思主义传统和倾向,对现存资本主义社会进行了全方位的文化批判。①

三是围绕《1844年经济学哲学手稿》(以下简称《手稿》)寻找作为哲学家的马克思。1932年《手稿》的现世给西方马克思主义带来了巨大震动,因为在此之前,他们认为马克思主义是"见物不见人"的,《手稿》的现世使西方马克思主义者发现了一个全新的青年马克思,马克思青年时期的哲学和

---

① 衣俊卿:《西方马克思主义概论》,北京大学出版社2008年版,第17页。

美学快速成为西方马克思主义者的研究对象。①《手稿》中的异化理论，直接成了西方马克思主义批判资本主义社会的理论武器。

第三个时期，20世纪70年代至90年代是西方马克思主义多元发展的阶段。法兰克福学派、存在主义马克思主义、弗洛伊德主义马克思主义、结构主义马克思主义出现了分化，而伴随着西方一系列新社会运动，出现了分析的马克思主义、生态学马克思主义、女性主义马克思主义、后马克思主义等。他们聚焦于科学技术的异化、生态环境危机、文化问题、后现代社会以及妇女解放等现实社会问题。

第四个时期，20世纪90年代以来是西方马克思主义的新发展阶段。由于东欧剧变、苏联解体，马克思主义在世界范围内的发展和传播遭受巨大打击，在发达资本主义国家，对马克思主义的研究进入了低潮期。21世纪以来，世界格局进入深度调整、加速演变的新阶段，当代资本主义出现一系列新的问题，政治极化、贫富分化以及各种社会认同危机不断引发混乱与动荡。随着全球化的深入发展，西方左翼学者的研究出现了空间转向，如美国学者哈特和意大利学者奈格里合著的《帝国——全球化的政治秩序》一书，就阐述了帝国主义向超越于民族国家地域性局限的帝国的转变过程，并提出了对帝国力量

---

① 杨建刚：《人道主义的还是结构主义的？——马克思主义的两种理论形态及其论争》，《人文杂志》2020年第8期。

的抵抗和替代之路。2008年世界金融危机爆发后,全球经济又遭受逆全球化浪潮和贸易保护主义的影响。文化保守主义、种族主义、民族主义、右翼民粹主义等社会思潮日益蔓延。面对当代资本主义新变化新形态,西方马克思主义逐渐从20世纪90年代的低谷中走出来,重新拾起马克思主义的批判精神,研究资本主义出现的种种危机和新情况。当前西方马克思主义的研究内容主要围绕以下几个方面展开。

第一,对马克思主义的经典文本和经典理论进行重新解释。2008年金融危机后,西方马克思主义者掀起了对马克思主义政治经济学的研究潮流。他们重新发现了《政治经济学批判大纲》《资本论》等政治经济学著作的科学性,同时也对马克思的早期著作及一些概念进行研究,例如"异化""劳动""剥削"等。2011年4月,著名西方马克思主义学者特里·伊格尔顿在耶鲁大学出版社出版了一本专著《马克思为什么是对的》,这本书的英文版面世后,立即引起了西方社会的普遍关注和争议,对于传播马克思主义具有积极影响。书中列举了西方社会十个典型的"反马克思主义"观点,并对这些观点进行了一一反驳。在伊格尔顿看来,马克思以科学、辩证的方法诠释历史,但着眼点仍是人类的未来,马克思和恩格斯所要颠覆的正是资本主义带来的人的异化的事实——而这正是资本主义越成功、道德就越败坏的原因。

第二,对新自由主义和帝国主义进行批判。资本主义的多事之秋正是社会批判理论的活跃之时,一些西方左翼学者对新自由主义神话进行批判。以法国左翼学者为例，他们从政治经济学、生命政治学、意识形态等角度，分别对新自由主义的资本垄断、政治霸权、虚假民主等危害进行研究，并提出替代性解决方案。[①]2014年法国经济学家托马斯·皮凯蒂出版了《21世纪资本论》一书，该书一经出版便在东西方社会引起了极大反响。书中对资本主义导致的财富不平等加剧的现象进行了研究和批判，但皮凯蒂从分配领域着手开出的解决资本主义根本性矛盾的药方，没有深入揭示不平等的内在根源，只能陷入空想。英国著名左翼思想家大卫·哈维是西方新马克思主义地理学派的重要代表人物，他通过分析资本主义时空形式与资本主义扩张之间的矛盾，揭示了资本主义必然要将内部时空矛盾不断转向外部从而避免国内矛盾的升级，从空间维度独辟蹊径地理解了马克思主义，对推动当代马克思主义研究作出了贡献。美国著名左翼经济学家斯蒂格利茨揭露了美国宣称的新自由主义的虚伪性，在《美国真相》一书中揭示了新自由主义经济模式给美国带来的灾难。

第二，对数字化、智能化时代新经济形式以及劳资关系的反思与批判。新科技革命给马克思主义研究提出了新课题。当代信息技术（大数据、区块链、人工智能、物联网、量子通信等）的发展和应用催生了数字经济、平台经济、零工经济、共

[①] 夏银平、倪晶晶：《另一个世界是可能的——法国左翼对新自由主义的批判性研究》，《当代世界与社会主义》2020年第1期。

享经济等经济形式。人类劳动形式不断向一种以数字技术为支撑、以互联网为依托的数字劳动新范式靠近。发达资本主义国家信息技术起步早，技术发展和应用成熟度高，身处其中的学者敏锐地观察到了新经济形式和劳动范式中的剥削性质。一些学者借鉴马克思主义的理论资源分析数字化时代生产方式的转变、数字劳动异化、剩余价值生产等问题。如英国著名学者克里斯蒂安·福克斯认为，"资本主义社会进入了大数据资本主义时代。在这一时代，马克思的理论所固有的批判性与辩证性是理解、分析、批判大数据资本主义社会的有力武器"①。英国著名左翼出版机构普鲁托出版社（Pluto Press）于2019年出版的《非人的力量：人工智能与资本主义的未来》一书，运用马克思主义理论分析人工智能这一全新的机器形态对人类解放的影响，并在人工智能这一新的技术形态下重新检视马克思的诸多理论预设和概念。②

第四，对中国特色社会主义的关注和研究。近年来，西方学者在积极寻找资本主义新的出路时，把目光转向了中国。中国特色社会主义的发展、中国改革开放40多年来取得的成就、中国提出的一系列创造性的全球性策略以及中国在新冠肺炎疫情防控中采取的有效措施，都引起了西方左翼学者的高度重视，

---

① ［英］克里斯蒂安·福克斯：《大数据资本主义时代的马克思》，《国外理论动态》2020年第4期。
② 胡万亨：《当卡尔·马克思遇见人工智能——〈非人的力量：人工智能与资本主义的未来〉评介》，《科学与社会》2021年第2期。

他们开始关注中国模式、中国制度、中国方案、中国共产党的执政能力等问题。①2019年底突如其来的新冠肺炎疫情在全世界爆发,在应对突发公共卫生危机时,不同体制的应对措施效果不一。中国的抗疫措施取得了显著成效,与其他国家的秩序混乱、措施不力、反智主义形成了鲜明对比,深刻体现了中国模式的优越性。

西方马克思主义者的研究视野开阔,研究领域广泛,不仅涉及哲学领域,研究马克思主义哲学一般问题,而且还涉及经济学、政治学、社会学、历史学、生态学等诸多领域;不仅有纯理论的探索,也有对诸如帝国主义的新扩展、美国等西方国家政府的执政困局、经济金融化问题、数字化时代的新型劳资矛盾等现实问题的关怀。西方马克思主义者,在一定程度上扩展了马克思主义的认识视域,为研究马克思主义提供了可资借鉴的资料。同时,西方马克思主义的存在与发展,也表明马克思主义并不是思想史中尘封的古董,仅供"老鼠的牙齿批判"。恰好相反,它充分证明了马克思主义在今天的西方仍然保持着思想活力,为当代问题的研究提供了深厚的思想资源。

二、马克思主义在亚非拉地区的影响

亚洲、非洲和拉丁美洲一些国家的政治活动家和理论家很

---

① 冯颜利:《当代西方马克思主义思潮流变与新动向》,《人民论坛》2020年第32期。

早就接触到了马克思主义，有的还建立了马克思主义政党，领导民族独立和解放运动，并尝试在马克思主义理论的指导下建立社会主义国家。他们将马克思主义的普遍原理与自己国家和民族的实际情况相结合，探索本国的发展道路。他们的实践活动，在第三世界国家传播了马克思主义，使马克思主义对亚非拉地区产生了广泛的影响。

1917年俄国十月革命后，马克思主义吸引了亚洲各国寻求民族独立的民众与志士的目光。伴随着殖民地和半殖民地人民民族独立运动的曲折发展，马克思主义也在运动中传播开来。包括中国在内的亚洲人民民族民主解放运动，都从马克思主义理论中汲取了营养。马克思主义在亚洲传播的百余年历史，已成为20世纪以来世界历史中波澜壮阔的史诗。世界上现存的五个社会主义国家有四个位于亚洲，是马克思主义的坚定信仰者和践行者。越南从1986年开始实行革新开放，探索出了一条符合自身国情的发展道路。越南已从欠发达国家跃升为中等收入国家，政治社会总体稳定，综合国力明显上升，人民幸福感增强，被认为是具有较大发展潜力的国家。[①]2021年，越共十三大继续强调坚持党的指导思想，坚持并创造性发展马克思列宁主义、胡志明思想，坚持走社会主义道路，继续推进革新事业。2016年1月，老挝人民革命党十大召开，对老挝社会

[①] 冯寅奇：《从越共十三大看越南社会主义革新事业新发展》，《当代世界》2021年第6期。

主义建设进行了总体布局和发展定位。十大以来，老挝人民革命党带领老挝人民把马列主义基本原理与老挝实际相结合，坚持走适合自身的发展道路，推动老挝社会主义建设取得新进展。这是马克思主义在当代彰显出生命力的又一生动实践。朝鲜民主主义人民共和国成立74年来，朝鲜劳动党团结带领朝鲜人民不懈努力，推动社会主义事业不断发展。但由于特殊的历史问题、核武器问题，朝鲜的发展充满了复杂性和特殊性。2021年初，朝鲜劳动党八大召开，朝鲜劳动党总书记金正恩在会上强调社会主义经济建设是当前必须集中全力的最重要的革命任务，这是符合经济社会发展规律的正确方案。

除了社会主义国家仍然坚持和发展马克思主义之外，亚洲一些国家的共产党也为马克思主义在21世纪的发展和传播作出了贡献。日本是亚洲最早传播社会主义学说的国家，也是社会主义运动开展较早的国家。马克思主义在日本的传播以及日本共产党领导的革命斗争对中国和亚洲其他国家的社会主义运动产生过广泛影响。日本把许多有关社会主义、马克思主义的晦涩的政治、哲学术语翻译成了通俗易懂的日文，大量马克思主义术语由日本传到中国。中国的先进知识分子也是通过阅读日本一些社会主义者的著作及其翻译的著作了解到马克思主义。日本共产党于1922年成立，是日本现有政党中历史最为悠久的政党，还是当今日本政坛规模最大、最具影响力的左翼政党，也是当前发达资本主义国家中党员人数最多、组织化程度最高和影响较大的共产党。据2020年统计，日本共产党现拥有 27 万余名党员，众议院议员 12 名，参议院议员 13 名，是日本众议院第二大在野党，参议院第四大在野党。① 同欧美许多国家的共产党一样，日本共产党致力于在资本主义发达国家内部探索实现社会主义的道路。② 日本学界也有著名的马克思主义研究者，他们专注于研究马克思主义的文本，在马克思著作的文本考证上作出了卓越贡献。亚洲的非社会主义国家中，印度共产党也很活跃。印度共产党成立于 1920 年，1964 年内部发生严重分裂，印度共产党（马克思主义），简称印共（马），从印度共产党内分裂出来。目前印共（马）是印度最大的左翼政党，拥有 104 万名党员，一直积极参与印度的政治生活，在理论上对全球化时代的资本主义和帝国主义有着深刻认识。

十月革命为非洲殖民地国家树立了典范，促使非洲社会主义运动兴起。1921 年，非洲最早的共产党分别在南非和埃及建立。20 世纪三四十年代，在法国、英国、美国的非洲大学生，如恩克鲁玛、尼雷尔等受到马克思主义影响，明确表示他们是马克思辩证唯物主义的拥护者，具有革命民主主义思想。20 世纪 60—80 年代初，随着非洲大多数殖民地国家的独立，马克思主义也开始快速传播起来。1955—1990 年，非洲先后有 34 个国家宣称要搞社会主义，约占非洲国家的三分之二。③

---

① 谭晓军：《百年历程：日本共产党的发展困境及启示》，《马克思主义与现实》2021 年第 4 期。
② 禚明亮：《日本共产党二十七大述评》，《马克思主义研究》2017 年第 9 期。
③ 李爱华、卢少军：《非洲的社会主义为什么不成功》，《当代世界与社会主义》2003 年第 1 期。

非洲国家进行了各种社会主义实验,对于人类社会的发展来说具有积极意义,但在这一时期,大多数国家经济发展缓慢,甚至停滞衰退。1980年4月,邓小平在会见阿尔及利亚民族解放阵线代表团时曾指出:"要研究一下,为什么好多非洲国家搞社会主义越搞越穷。"[①]在1983年,为纪念马克思逝世100周年,赞比亚、尼日利亚和坦桑尼亚先后举行了"马克思与非洲"专题讨论会,探讨的主题涉及当代帝国主义,政治与法律,科学与技术,发达与不发达,非洲与世界,妇女问题,种族、人种与民族问题,无产阶级国际主义,阶级与阶级斗争,等等。20世纪80—90年代非洲社会主义出现衰落,大多数原来宣称搞社会主义的非洲国家走上了经济自由化道路。21世纪以来,非洲面临着深刻危机,如战争和贫困问题、国家内部的动荡、社会矛盾频繁激化等,在这样的情况下,马克思主义作为非洲发展的潜在替代方案重新受到关注。[②]中国特色社会主义道路为欠发达国家的现代化提供了经验和借鉴,并且中国倡导构建人类命运共同体,以平等、合作、包容、互利的原则为非洲国家提供帮助。中国的"一带一路"倡议在非洲大陆产生重大影响,有助于带动非洲本土经济的发展。这是马克思主义在非洲产生影响的另外一种形式。

拉丁美洲的共产主义运动有着悠久的历史,在1912年,

---

① 《邓小平文选》第2卷,人民出版社1994年版,第313页。
② 林子赛、赖晓彪:《马克思主义在非洲的发展历程、经验和教训》,《学习与探索》2019年第6期。

拉美地区的第一个无产阶级政党——智利社会主义工人党成立。从1919年第三国际建立到20世纪50年代，拉美独立的20个国家先后成立了共产党组织。1959年古巴革命胜利，1961年卡斯特罗宣布古巴为社会主义国家。1965年古巴共产党成立，开启了拉美共产主义运动的新局面。

20世纪70年代，拉美共产党在曲折中发展。80年代末到90年代初，苏联解体、东欧剧变给拉美共产党和社会主义运动带来了巨大冲击。新自由主义倾向的经济改革成为这一时期的主要潮流。在此期间，拉美大多数国家走上了经济自由化道路。但新自由主义并没有给拉美国家带来希望，大规模的私有化使国有资产流失，关乎国计民生的重要资源都掌握在外国资本手中，最终导致严重的经济和社会危机，拉美地区人民的生活陷入重重困难。20世纪末，拉美人民开始反思新自由主义的负效应，一些国家的左翼政党再次活跃于政坛。

进入21世纪，拉美政坛左翼积极参与本国的政治选举。截至2014年，四分之三的拉美国家的政权掌握在左翼或者倾向左翼的领导人手中。[1]执政的拉美左翼政党在国内进行大刀阔斧的改革并取得显著成效。但之后拉美各国左翼政权由于经济政策上的失误、国家经济体制的不健全、民主政治体制中的弊端积重难返、忽视中产阶级利益、官员腐败等原因，

---

[1] 靳辉明：《新自由主义的危害与拉美左翼运动的崛起》，《江汉论坛》2014年第2期。

在不同程度上失去了民众的支持，因而有的在大选中失利，有的总统遭到弹劾被罢免。拉美各国经济严重衰退、社会局势动荡，再加上地区右翼势力的抬头，客观上给拉美共产党的发展壮大带来了不利影响。在外部形势上，时任美国总统特朗普对拉美国家的干预构成了对拉美共产主义运动发展极为不利的外部因素。① 因此，拉美各国当前仍然面临着向何处去的选择难题。

尽管亚非拉地区的共产党以及其他左翼政党对马克思主义的理解并非完整准确，但他们都愿意用马克思主义来思考本国问题，探索本国革命和发展的道路。从现有历史来看，他们的探索并非一帆风顺，但确实对于传播马克思主义具有重大意义。

在马克思诞辰 200 周年之际，国际社会掀起了"马克思热"，特别是各国共产党通过举行各式各样的纪念活动向伟人致敬。他们认为马克思主义跨越了时间和空间界限，深刻影响着人类思想和历史的发展进程，马克思主义在当前仍具有很强的现实意义。亚、非、拉地区的共产党领导人也纷纷发表了讲话。南非共产党第二副总书记马特哈科表示，南非共产党以马克思主义作为指导思想和理论基础，将学习和实践马克思主义经典理论作为增强党的活力、提升党的能力、保障党的可持续发展的

---

① 李紫莹：《新时期拉美地区共产党的发展状况与理论探索》，《马克思主义研究》2018 年第 9 期。

重要保障，贯穿于党的组织建设和群团工作中。南非共产党高度重视马克思主义思想的宣传和传播，定期出版《非洲共产主义者》季刊，作为向党员和群众传播马克思主义思想的重要平台，他们还开设马克思线上档案与"共产主义大学"线上课程，力求将马克思主义基本原理同南非的国情实际相结合，发挥马克思主义在国家政治生活中的作用。印度共产党（马克思主义）总书记亚秋里认为，马克思主义的产生不可逆转地改变了人类文明发展的历史轨迹，它是人类自由解放和创建新世界的强大武器，马克思主义的哲学和革命精神鼓舞了世界人民为反对剥削、消除贫困和维护人类尊严而进行斗争。印度共产党中央书记拉贾认为，马克思和马克思主义的出现，开启了人类历史上的一个革命时代。马克思主义提供了对人类历史的哲学理解和一种将人类从剥削链条中解放出来的实用方法，使人类认识到自身的本质价值。① 这从一个侧面也反映出马克思主义在当今世界的影响。

三、俄罗斯东欧地带的社会主义再探索

社会主义是与马克思主义紧密联系在一起的，特别是在俄罗斯和东欧地区，人们对社会主义、马克思主义有着深刻的记

---

① ［印度］拉贾：《马克思主义依然深刻影响人类发展进程》，《人民日报》2018年5月4日。

忆。因此，他们对社会主义的重新探索，本身也就包含着对马克思主义记忆的复苏或重新认识。

苏联解体以后，俄罗斯联邦共产党（以下简称"俄共"）、工人党等左翼政党一直在对社会主义进行反思和再探索。苏联解体30多年来，作为苏联共产党继承者的俄共一直存续至今。30多年间，俄共力量经历了20世纪90年代的迅速下跌，进入新世纪后的逐渐平稳发展，以及最近几年影响力迅速提升的阶段。2021年俄共召开十八大时，党员人数有16万之多，是世界资本主义国家中力量最大的共产党之一。作为俄罗斯最大反对党的俄共虽然与作为执政党的统一俄罗斯党之间长期存在巨大的力量差距，但在国家政治舞台上仍发挥着一定作用。例如，2018年6月，俄政府公布以推迟退休年龄为主要内容的养老金制度改革，引发社会激烈抗议。而作为俄罗斯第一大反对党的俄共是社会抗议活动的主要发起者和组织者。抗议养老金改革行动迫使政府修改了原来的改革方案，也使俄共巩固了公众利益维护者的形象，提高了声誉。①此外，俄共还有专门研究社会主义的学者组织，并且有广泛的分支机构。在如今的俄罗斯，新社会主义、21世纪社会主义、社会主义之后的社会主义等成为学术界的重要讨论主题。②对这些问题的研究与

---

① 郭春生：《苏联解体30年背景下的俄罗斯联邦共产党》，《国外社会科学前沿》2022年第4期。
② 宋朝龙：《新帝国主义的危机与新社会主义的使命——兼论21世纪马克思主义的核心问题与应对》，《探索》2020年第4期。

马克思主义基本原理、苏联社会主义的实践反思、当今俄罗斯社会阶级分化和社会不公的现实相结合，使马克思主义、社会主义研究呈现出一系列新的特征。

苏联解体、东欧剧变使马克思主义在这些国家的意识形态领域中失去了主导地位，这些国家的共产党失去了执政地位，但他们并没有完全消失，而是作为中东欧左翼政党的主要力量继续活跃在政治舞台上。自1989年以来，在30多年的发展过程中，中东欧国家左翼政党经历了组织危机、制度适应、左右轮换与总体低迷的阶段，形成了相对稳定的意识形态与政策主张。① 苏联解体、东欧剧变后，东欧各国从原共产主义政党演化而来的政党组织发生了相当大的转变，政党类型众多、目标各异；中东欧左翼政党指导思想多元化，马克思主义不再是左翼政党统一的意识形态；中东欧左翼政党把"少谈一些主义，多解决一些问题"作为其奉行的有效经验准则，由"意识形态党"转变为"全民党"，由"纲领型政党"走向"选举型政党"。这一时期，中东欧政治逐渐形成左右交替执政的格局，但从多年发展的总体态势看，中东欧左翼处于弱势地位，即使执政也多是以联合政府的形式。1989年到1992年是中东欧左翼政党遭受严重打击的时期，反共浪潮此起彼伏。1993年至1997年是中东欧左翼政党复兴时期，这一时期左翼力量上升，右翼力量下降，

---

① 姬文刚：《中东欧左翼政党发展30年：回顾与展望》，《当代世界与社会主义》2019年第6期。

一些国家如波兰、匈牙利组建了左翼联合政府。1998年至2004年，左右翼内部分野清晰，右翼力量开始上升，左翼力量开始下降。从2004年中东欧国家陆续加入欧盟以来，左翼政党在力量博弈中一直处于弱势地位。在经济危机背景下，民众对右翼执政党的政策极为不满，出现过严重罢工和政治动荡，在这种背景下，左翼政党在政策主张上凸显对社会公平、公正等传统左派价值的关注。① 当前，东欧左翼政党仍处于一种复杂多变的大格局中，东欧左翼政党的发展前景依然充满变数，但无论如何变化，马克思主义在这些地区具有影响是不容争议的事实。

第三节　永不退场的红色"幽灵"

在马克思主义诞生之时，欧洲一切旧势力就把共产主义攻击为"幽灵"。马克思恩格斯在《共产党宣言》开篇中反讽道："一个幽灵，共产主义的幽灵，在欧洲游荡。"② 今天，西方一些研究马克思主义的学者，也还用"幽灵"来指代共产主义、马克思主义，但并非都是贬义了。如果说马克思主义是"幽灵"，那么这是一个红色的"幽灵"，只要资本主义的内在矛盾没有

---

① 刘洪霞：《苏东剧变后中东欧左翼政党发展特点及新动向》，《湖北行政学院学报》2014年第2期。
② 《马克思恩格斯选集》第1卷，人民出版社2012年版，第399页。

彻底消灭，那么这个红色"幽灵"也就永远不会退场。法国哲学家德里达在《马克思的幽灵》一书中就讲，马克思主义的幽灵是客观存在的，尽管看不到，但不知什么时候就会降临。

回顾历史，在资本主义发展每一次危机出现之时，马克思主义就会"幽灵"般地再现。20世纪20年代末30年代初，世界性的经济危机爆发，马克思主义关于资本主义经济危机原因的阐释，就成为当时具有代表性的观点之一。第二次世界大战后，苏联的崛起和社会主义阵营的形成，使得西方社会不得不去关注马克思列宁主义这一共产党人的意识形态。20世纪80年代末90年代初的苏联解体、东欧剧变使国际共产主义运动陷入低谷，一时间，西方国家认为社会主义也将到此终结，只有资本主义制度才是最完满的制度。但讽刺的是，千年之交，在马克思主义诞生的地方，马克思相继被评为"千年第一思想家""千年伟人"。历史表明，虽然马克思主义在西方社会遭受批判与诋毁，但马克思主义的影响从来没有消失。

一、马克思主义的"复活"

2008年9月15日，受次贷危机影响，美国第四大投行雷曼兄弟公司申请破产保护。从美国华尔街开始的次贷危机迅速波及大洋彼岸，欧洲出现主权债务危机，希腊、爱尔兰、西班牙、意大利等国负债累累，经济呈现零增长或负增长。这场次贷危机，最终演变成全球性的金融危机。直至今天，世界经济都还没有完全从那次金融危机中复苏。根据国际货币基金组织（IMF）的统计数据，美国经济在2008—2009年呈负增长，2010—2016年美国实际国内生产总值增速在2%左右，2017年特朗普上台后美国经济有了起色，但其他西方国家的经济增长率却一直徘徊在1.5%左右；从全球经济增速看，2009年至2016年，全球生产总值年平均增速3.5%，低于危机前五年1.6个百分点，而且基本上未呈现逐年递增的趋势，2016年仅为3.2%，创下六年来的新低。[①]2008年的金融危机是自1929—1933年"大萧条"以来最严重的经济危机，具有规模大、范围广、持续时间长、后果严重等特点。在危机期间，沉寂已久的群众运动和工人运动再次在欧洲各国兴起。经济危机导致大量工人失业，欧洲工人罢工与群众示威游行此起彼伏。在美国，2011年9月发生了规模浩大的"占领华尔街"运动，示威者打出"推翻整个制度，资本主义是有组织的犯罪""还权于人民""99%为1%服务""收回1%的人的控制权"等口号，运动的矛头直指金融寡头和政府。

2008年的金融危机使西方社会重新发现了马克思，长期被边缘化的马克思主义重新进入西方的视野，马克思主义复活了。《资本论》成为德国的畅销书，西方国家的一些政要，如当时的法国总统萨科齐、德国财政部长施泰因布吕克都在阅读《资本论》。施泰因布吕克在接受德国《明镜周刊》杂志

---

① 尚前名：《让全球金融危机十年之变告诉世界》，《瞭望》2017年第50期。

采访时说："马克思理论的相当一部分是不错的。"据路透社报道，德国一位出版商约恩·许埃特伦普夫说，2008年《资本论》的销量是2007年的3倍，是1990年的100倍，购买《资本论》的多为年轻人。在购物网站亚马逊输入"卡尔·马克思"的关键词，能够搜到将近1万种相关图书。

2012年7月，数千人在伦敦参加了社会主义工人党组织的为期5天的狂欢节"马克思主义2012"。这项活动每年都举办，但让组织者约瑟夫·楚纳拉感到吃惊的是，近年来，参与者当中的年轻人大量增加。"尤其是对年轻人来说，对马克思主义的兴趣的复兴之所以到来，是因为它提供了分析资本主义，尤其是像我们目前陷入的这种资本主义危机的工具。"[1]

西方的主流媒体如英国的《卫报》《泰晤士报》《金融时报》，德国的《法兰克福评论》《新德意志报》，美国的《时代周刊》等纷纷以马克思入题发表文章。2012年7月4日，英国《卫报》发表该报专栏作家斯图尔特·杰弗里斯的文章《为什么马克思主义再次兴起？》，文章指出，在全球资本主义陷入危机之时，人们重新对马克思和马克思主义思想产生兴趣。[2]西方一些学者强调马克思的理论具有现实性。德国柏林自由大学教授埃尔玛·阿尔特法特在《马克思提供批判分析的"跳跃点"》一文中指出："马克思主义理论被再度发现"，"对政治行

---

[1] 《卫报：为什么马克思主义再次兴起》，《参考消息网》2012年7月9日。
[2] 《卫报：为什么马克思主义再次兴起》，《参考消息网》2012年7月9日。

动来说，理论指导不可或缺，人们找到的指导理论包括马克思主义"，马克思主义理论"可以增进对资本主义运作方式的理解，它能消除自我蒙昧，并助力政治实践"。①

金融危机后，很多学者从马克思主义的视角出发，著书立说，剖析资本主义制度的弊病。2011年4月，英国著名马克思主义研究者特里·伊格尔顿出版专著《马克思为什么是对的》，在书中，他对当前西方社会十个否定马克思主义的典型观点逐一进行反驳。伊格尔顿认为，马克思是有史以来对资本主义制度作出最彻底、最严厉、最全面的批判的人，只要资本主义制度还存在一天，马克思主义就不会消亡。② 当代著名西方左翼思想家、纽约城市大学人类学教授大卫·哈维从事《资本论》的研究与教学工作长达50多年，自2008年他将讲授《资本论》的课程上传到纽约城市大学网站以来，已经获得近300万人次的下载量，并被翻译成多种语言在世界范围内传播。周期性经济危机的爆发使资本主义永世长存的神话一次又一次破灭，马克思对资本主义弊病的诊断书一次又一次被事实证实。

---

① ［德］埃尔玛·阿尔特法特：《马克思提供批判分析的"跳跃点"》，人民网，2013年1月31日，http://world.people.com.cn/n/2013/0131/c1002-20385873.html。

② ［英］特里·伊格尔顿：《马克思为什么是对的》，李杨、任文科、郑义译，新星出版社2011年版，第7页。

二、今天我们仍然需要马克思主义

国际金融危机爆发后,西方世界再一次掀起"马克思热",这说明马克思主义的理论具有持久的生命力,对资本主义社会特殊运行规律的分析仍然具有解释力。

首先,马克思主义对于经济危机产生根源的分析具有重要的意义。德国柏林自由大学教授埃尔玛·阿尔特法特认为:"马克思主义理论体系有助于分析当下的金融和经济危机、现实积累与金融市场的关系以及劳动和性别关系的变化。马克思找到了批判分析的'跳跃点':商品使用价值与交换价值的双重属性、具体劳动与抽象劳动的双重属性、原材料和能源转移与价值转移的同时性。这也使得分析社会与自然的关系危机成为可能。这种危机表现为能源和气候危机,表现为物种多样性和耕地的消失。在人与自然的'新陈代谢'中,人在实现自我的同时,也可能给环境造成巨大破坏。"① 过于宽松的货币政策、长期低储蓄高消费的发展模式、对金融市场缺乏监管、虚拟经济和实体经济脱节、对美元过度依赖等都是2008年全球金融危机产生的原因,但究其根本,仍是资本主义制度本身深层次矛盾的不断积累导致的。马克思在《资本论》第三卷中讲道:"在资本主义生产方式内发展着的、与人口相比惊人巨大的生产力,

---

① [德]埃尔玛·阿尔特法特:《马克思提供批判分析的"跳跃点"》,人民网,2013年1月31日,http://world.people.com.cn/n/2013/0131/c1002-20385873.html。

以及虽然不是与此按同一比例的、比人口增加快得多的资本价值（不仅是它的物质实体）的增加，同这个惊人巨大的生产力为之服务的、与财富的增长相比变得越来越狭小的基础相矛盾，同这个不断膨胀的资本的价值增殖的条件相矛盾。危机就是这样发生的。"[1] 即，经济危机爆发是现实条件已经无法满足资本最大程度上追求剩余价值导致的。在机器大工业时代，资本获取剩余价值的方式是通过延长工人的剩余劳动时间获取绝对剩余价值，或通过改进生产技术，缩短社会必要劳动时间，获取相对剩余价值。但随着资本主义的发展，从时间的角度获取剩余价值的可能性大大缩小。因此，资本主义的生产开始由一国向多国扩展，通过扩展空间、占有市场，以实现产品的交换价值。这也导致一国范围内的资本主义剥削形式向全球扩展，及其生产过剩问题在全球扩展。

资本主义只有不断地进行生产，不断地将产品销售出去，获得剩余价值，才能生存下去。在新自由主义的浪潮下，当时的美国总统里根和英国首相撒切尔夫人倡导经济全球化就是为了解决资本主义的生产过剩危机。随着互联网技术的发展，资本主义不仅在地理空间上全面占有市场，还创造出新的网络空间。互联网技术的发展为资本主义发展带来了新的生机。2000年3月10日，美国纳斯达克指数达到了历史新高，整个世界都在为互联网带来的科技革命疯狂，但让人没有想到的是好景

---

[1]《马克思恩格斯文集》第7卷，人民出版社2009年版，第295页。

不长，科技泡沫很快破灭，这给美国经济造成巨大打击。2001年，美国政府为挽救经济，连续13次降息，基准利率降至1%，与此同时，美国房贷金融机构推出零首付的次级按揭贷款，这极大地刺激了房地产的投机行为，在美国房地产市场虚拟资本的快速积累过程中，形成了一个巨大的房地产泡沫。最终，2008年泡沫破灭引发了金融危机。

2008年金融危机的根源就是资本主义生产方式的基本矛盾：生产社会化和生产资料资本主义私人占有之间的矛盾所决定的生产相对过剩与劳动者有支付能力的需求不足的矛盾。[①]美国哥伦比亚大学教授、2001年诺贝尔经济学奖得主约瑟夫·斯蒂格里茨在其文章《西方资本主义的意识形态危机》中指出，"对无拘无束的自由市场的信仰的强大意识形态几乎将全世界推入万劫不复的深渊。即使在从20世纪80年代到2007年新自由主义政策的全盛时期，美国式去监管化资本主义也只是给世界上最富有国家中的最富有阶层带去了更多的物质享受，在过去30年，大多数美国人的收入在年复一年地减少或是停滞不前"[②]。马克思也指出，"危机永远只是现有矛盾的暂时的暴力的解决，永远只是使已经破坏的平衡得到瞬间恢复的暴力的爆发"[③]。危机过后，资本主义通过自我调节能够逐渐恢复发展，

---

① 王岩：《马克思主义经济学视角下的国际金融危机原因剖析》，《经济学家》2009年第9期。
② 转引自吴易风《西方经济学中的新自由主义》，《红旗文稿》2014年第5期。
③ 《马克思恩格斯文集》第7卷，人民出版社2009年版，第226页。

但这种解决是一时的,当矛盾积累到一定程度又会在瞬间爆发。

其次,马克思主义的辩证唯物主义和历史唯物主义分析方法具有永恒的价值。马克思主义为人们认识事物发展规律、预测未来、采取行动提供了科学的世界观和方法论。马克思超越德国古典哲学集大成者黑格尔的唯心主义哲学,吸收其辩证法的合理内核,克服费尔巴哈的旧唯物主义哲学,继承其基本内核,实现了唯物论与辩证法的有机统一、唯物主义的自然观与历史观的有机统一,创立了辩证唯物主义和历史唯物主义。恩格斯晚年就强调:"马克思的整个世界观不是教义,而是方法。它提供的不是现成的教条,而是进一步研究的出发点和供这种研究使用的方法。"①

马克思主义自诞生之日起,便遭到来自各个方面的攻击、批判甚至围剿,但即便是在其所批判的资本主义社会思想家们也不得不承认马克思主义的分析力、批判力、解释力。西方的马克思主义流派都非常重视马克思主义的分析方法。西方马克思主义的开创者卢卡奇就将马克思主义界定为一种方法,即辩证法,并认为辩证法是马克思主义的革命性所在。法兰克福学派批判理论虽然对资本主义的批判在内容与方法上与马克思不同,但他们对资本主义社会的批判性精神却与马克思主义一脉相承。法兰克福学派最有影响力的代表人物之一哈贝马斯把马克思主义大体等同于历史唯物主义,因此,哈贝马斯在继承与

---

① 《马克思恩格斯文集》第 10 卷,人民出版社 2009 年版,第 690 页。

发展马克思主义时把对马克思主义的改造称为"历史唯物主义的重建"。这说明西方马克思主义传统非常重视马克思主义批判资本主义的方法。2008年金融危机发生后，很多国外学者运用马克思主义的分析框架和方法分析金融危机。2009年7月21日，美国共产党主席萨姆·韦伯在其演讲中指出，"马克思和恩格斯所共同创造的分析框架和方法，为工人阶级理解与变革这个世界提供了工具"①。马克思的政治经济学理论是以科学的世界观和方法论为指导的，当学者们运用马克思主义的分析工具认识资本主义危机时，也是对马克思主义的辩证唯物主义和历史唯物主义的运用与肯定。

最后，"西方模式"走下神坛及"中国模式"的出场向世界证明，马克思主义在21世纪具有光明的前景。2009年11月9日，英国广播公司（BBC）公布了一份对27国民众29000名受访者的调查，调查表明，仅有11%的人认为资本主义在正常运行，有23%的受访者认为资本主义存在致命弱点，半数以上的受访者不满自由市场经济的资本主义制度。此次调查的主办方之一"全球扫描"公司主席米勒对媒体表示，这说明随着1989年柏林墙的倒塌，资本主义并没有取得压倒性胜利，这一点在此次金融危机中表现得尤其明显。②据俄罗斯卫星通讯社2019年1月30日的报道，美国政治类新闻网站Axios与在线调查服

---

① ［美］萨姆·韦伯：《美共：在变化的世界中求进步》，陈硕颖译，《国外理论动态》2010年第1期。
② 《BBC民调：中国模式值得借鉴》，美国中文网2009年11月14日。

务公司 Survey Monkey 联合进行的一项民调显示，美国青年中积极看待社会主义的人的占比超过积极看待资本主义的，61% 的美国青年（18 到 24 岁）表示对社会主义持积极看法。与此同时，同年龄段积极看待资本主义的人占 58%。[1]20 世纪 70 年代末，在撒切尔夫人和里根总统的积极倡导下，英、美等国开始实行新自由主义政策，其核心是主张全面私有化、自由化、市场化。新自由主义的思想被美国等西方国家向全世界推销。从 20 世纪 90 年代开始，东欧各国的全面私有化浪潮、俄罗斯的"休克疗法"和拉美地区的私有化都受新自由主义的影响。但这些地区的改革并没有将它们从经济困难的泥沼中解救出来，反而是私有化带来的更大的不平等引发了政治上的不稳定。2008 年金融危机宣告了新自由主义政策的破产，"西方模式"是唯一正确的发展模式的说法不攻自破。

在金融危机中，中国采取强有力措施予以应对，在各国经济发展普遍低迷时，中国经济持续快速发展。金融危机后，世界经济格局发生变化，2010 年中国国内生产总值超过日本，成为仅次于美国的世界第二大经济体。中国经济已成为世界经济增长的主要动力，分阶段看：1961—1978 年，中国对全球经济增长的年均贡献率仅为 1.1%；1979—2012 年，为 15.9%，仅次于美国居世界第 2 位；2013—2018 年，超越美国居世界第 1 位，贡献率达 28.1%。中国还对世界的减贫

---

[1] 《民调：美国青年对社会主义的态度比资本主义更积极》，俄罗斯卫星通信社 2019 年 1 月 30 日。

事业作出了巨大贡献，是首个实现联合国减贫目标的发展中国家，对全球减贫贡献率超过70%。改革开放以来，按照现行贫困标准计算，中国7.7亿农村贫困人口摆脱贫困。党的十八大以来，通过脱贫攻坚、精准扶贫等措施，中国实现平均每年1000多万人脱贫，几乎相当于一个中等国家的人口，创造了人类减贫史上的奇迹。到2020年底，中国如期完成新时代脱贫攻坚目标任务，现行标准下9899万农村贫困人口全部脱贫，832个贫困县全部摘帽，12.8万个贫困村全部出列。在中华大地上，中国历史性地解决了绝对贫困问题，全面建成了小康社会，创造了减贫治理的中国样本。

《时代周刊》杂志前编辑乔舒亚·雷默于2004年提出"北京共识"，这是其对中国发展作出的总结。无论是"北京共识"还是从2010年开始国内外关于"中国模式"的讨论，都说明中国的发展经验引人注目，受到世界各国的重视。改革开放40多年来，中国在经济、政治、社会、文化等各方面都取得了巨大成就。中国不仅在经济体量上做大，在经济质量上也不断提高——世界知识产权组织、美国康奈尔大学和英士国际商学院联合发布的全球创新指数显示，中国的创新指数排名连续四年呈上升状态，2019年排在第14位，较2018年上升3个位次。[①]中国在国际舞台上积极发挥负责任大国的作用，

[①]《全球创新指数2019：中国排名再创新高》，新华网，2019年7月24日，www.xinhuanet.com/fech/2019-07/24/c-1124795004.htm。

积极倡议和推动"一带一路"和人类命运共同体建设，积极参与全球治理体系的改革和建设，不断为世界发展提供中国智慧和中国方案，以铁的事实证明了"马克思主义为什么行"。

三、马克思主义在21世纪前景光明

马克思主义博大精深，内容丰富，归根到底一句话，就是为人类求解放。研究和关注人的解放的条件、进程和一般目的，是马克思主义的基本内涵，人的自由而全面的发展是马克思主义永恒的价值追求。"每个人的自由发展是一切人的自由发展的条件"①，既是未来社会的理想，也是人的本质的真正实现。马克思主义为全人类谋求解放的崇高情怀，令世人肃然起敬；关心人、尊重人、发展人、解放人的马克思主义主题具有永恒的价值。

当今世界正处于百年未有之大变局。2008年发生的全球金融危机，不仅使全球经济受到极大冲击，而且在意识形态和国家治理方面也引起了巨大震荡，其影响延续至今。

西方发达国家沉寂多年的民粹主义思潮回流，欧美右翼势力强势崛起，逆全球化潮流以及贸易保护主义粉墨登场，地缘政治危机频发，世界各国对经济增长问题的焦虑情绪加深，全球治理赤字增加。这些问题常常以"黑天鹅"事件表

---

① 《马克思恩格斯文集》第2卷，人民出版社2009年版，第52页。

现出来，例如，2018年11月法国由政府增加燃油税而引发的"黄马甲运动"、英国因"脱欧"问题而频频爆发民众抗议活动。

在一些发展中国家，社会混乱、政治动荡现象也持续发生。例如，2019年10月14日，智利因地铁票价上涨而引发骚乱，在首都圣地亚哥，民众持续暴力示威，危机持续升级。智利是积极实行新自由主义政策的国家，被誉为成功跨越"中等收入陷阱"的拉美"发达经济体"，其发展经验也被称为"智利模式"。但智利经济社会发展长期存在结构性问题，强调私有化、自由化、市场化的经济模式而忽略了政府调节的作用，平衡个人利益和社会利益的体制机制缺失，政府提供公共服务和应对内外部经济危机的能力弱，经济和社会矛盾长期积累，最终以暴力冲突的形式爆发。

为了走出这场金融危机给经济社会发展带来的灾难，人们把希望寄托在方兴未艾的新一轮科技革命与产业革命，世界各国都在努力寻找新的经济增长点。西方各国纷纷提出"再工业化"，2012年2月，美国发布了《先进制造业国家战略计划》；2013年4月，德国推出了《保障德国制造业的未来——关于实施"工业4.0"战略的建议》；2013年10月，英国推出了《英国工业2050战略》。新一轮科技革命似乎为人类摆脱这场危机提供了可行的手段，但如果新自由主义主导下的发展模式不发生根本性改变，生产社会化与资本主义私人占有之间的矛盾可能会在更大范围、以更强烈的程度爆发。

全球金融危机表面上是经济问题,实则表明了新自由主义主导下的西方发展模式整体上出现了问题。英国撒切尔夫人有一句口头禅:你别无选择(There Is No Alternative)。意思是指,除了资本主义,世界已别无选择。然而,这场全球金融危机证明,自由主义的资本主义发展模式并没有可持续性。从根本上思考资本主义未来出路的问题,必须借助于马克思主义的思想资源。正如法国存在主义大师萨特所说:"马克思主义非但没有衰竭,而且十分年轻,几乎处于童年时代:它才刚刚开始发展。因此,它仍然是我们时代的哲学:它是不可超越的,因为产生它的情势还没有被超越。"[①]

2020年,突如其来的新冠肺炎疫情打乱了全球经济的发展节奏,全球经济遭遇自上世纪30年代经济大萧条以来最为严重的衰退,全球生产总值大幅负增长,失业率明显上升,全球宏观经济形势总体表现为总需求不足,国际贸易显著萎缩,国际直接投资断崖式下跌,全球金融市场大起大落,全球债务水平快速攀升。在新冠肺炎疫情发生之前,贸易保护主义和逆全球化的潮流就已经出现,全球疫情的爆发使得欧美和日本等发达国家更加强调"经济自主"。在疫情中,美欧等发达经济体虽然具有最发达的医疗系统、公共卫生系统,但情况依然严峻,出现医疗物资生产能力不足的情况。其中一个很重要的原

[①] [法]萨特:《辩证理性批判》上,林骧华等译,安徽文艺出版社1998年版,第28页。

因是20世纪80年代以来的全球产业转移，使得口罩、呼吸机、消毒液等医疗物资的生产从发达国家向中国等发展中国家转移。疫情使得各国意识到要将供应链和产业链掌握在自己手里。有学者将后疫情时代的全球化趋势总结为从"超级全球化"到"有限全球化"。① 疫情后的世界格局和全球经济发展充满了不确定性，各国都面临着向何处去的问题。

中国将马克思主义与中国实际相结合，既坚持马克思主义基本原理，又立足于中国实际，从国情出发建设社会主义。新中国成立70年来，中国共产党领导中国人民创造了世所罕见的经济快速发展奇迹和社会长期稳定奇迹，开辟了一条中国式现代化道路。改革开放40多年来，中国共产党团结和带领全中国人民高举中国特色社会主义伟大旗帜，以经济建设为中心，坚持四项基本原则，坚持改革开放，既不走封闭僵化的老路，也不走改旗易帜的邪路，使中国社会生产力、综合国力、人民生活水平都取得了飞跃式的提高。中国取得的全部成就，概括起来就是开辟了中国特色社会主义道路、创立了中国特色社会主义理论体系、巩固完善了中国特色社会主义制度、丰富和创新了中国特色社会主义文化。

有人把改革开放以来中国取得的经验称为"北京共识"或者"中国模式""中国道路"，国际上也有许多不带偏见的人士开始深入研究中国道路，还有许多国家纷纷向中国学习，借鉴

---

① 郑永年：《有限全球化——世界新秩序的诞生》，东方出版社2021年版。

中国既保持快速发展又保持自身独立的现代化经验。2021年5月3日,德国中右翼媒体《焦点》周刊发表文章称,西方国家正经历着无声的制度变革——提高政府的市场参与度。在与中国的制度竞争中,西方并没有拒绝"中国模式",而是以"国家资本主义"回应。①文章中依然存在对中国制度的误解和偏见,但也表现出西方观察人士对西方制度现状的焦虑。

新冠肺炎疫情期间,以各国共产党、工人党和左翼学者为代表的左翼力量积极应对,产生了深刻影响。他们在理论和实践的多个领域采取行动,探索了疫情背景下社会主义运动的新路径、新形式和新策略。不少左翼学者认为,后疫情时代加剧了新自由主义的衰落,如果说2008年的金融危机挑战了新自由主义秩序,那么新冠肺炎疫情则宣告了新自由主义的破产。通往共产主义的道路又一次被激活,新自由主义的替代方案正在孕育。只要资本主义仍然存在,它的结构性矛盾和制度性弊病就会不断暴露出来,社会主义理论就会不断得到创新发展,社会主义运动就会不断前进。

"理论的生命力在于不断创新,推动马克思主义不断发展是中国共产党人的神圣职责。"② 近代以来,中华民族从站起来、富起来到强起来的发展过程,也是马克思主义不断中国化、时

---

① 《西方正无声复制中国模式》,光明网,2021年5月7日,http://m.qmw.cn/2021-05/07/content_1302277016.htm。
② 习近平:《在纪念马克思诞辰200周年大会上的讲话》,人民出版社2018年版,第27页。

代化、绽放生命力的过程。领导中国特色社会主义事业的核心力量是中国共产党，指导我们事业的理论基础是马克思列宁主义。在党的百年奋斗史上，中国共产党把马克思主义与国情实际相结合，不断推进马克思主义中国化、时代化，先后创立了毛泽东思想，实现马克思主义中国化的第一次历史性飞跃；形成了邓小平理论、"三个代表"重要思想、科学发展观这一中国特色社会主义理论体系，实现了马克思主义中国化新的飞跃；创立了习近平新时代中国特色社会主义思想，在新时代实现了马克思主义中国化新的飞跃。中国共产党带领中国人民百年奋斗取得举世瞩目的成就，无可辩驳地证明了一个结论：马克思主义行！中国共产党能！中国特色社会主义好！更从理论上回答了中国共产党为什么能，中国特色社会主义为什么好，归根结底是因为马克思主义行！

中国共产党是世界上最大的马克思主义执政党，中国是世界上最大的社会主义国家，马克思主义在中国的发展水平，对马克思主义在 21 世纪世界的发展产生举足轻重的影响。党的十八大以来，中国特色社会主义进入新时代，以习近平同志为主要代表的中国共产党人坚持把马克思主义基本原理同中国具体实际相结合、同中华优秀传统文化相结合，坚持毛泽东思想、邓小平理论、"三个代表"重要思想、科学发展观，深刻总结并充分运用党成立以来的历史经验，从新的实际出发，创立了习近平新时代中国特色社会主义思想。习近平新时代中国特色社会主义思想是当代中国马克思主义、二十一世纪马克思主义，是中华文化和中国精神的时代精华,在当代中国坚持马克思主义,就要坚持习近平新时代中国特色社会主义思想这一马克思主义中国化、时代化的最新成果。

时代是思想之母,实践是理论之源。马克思主义具有与时俱进的品质,只要我们紧跟时代潮流,深入社会实践,勇于坚持真理、修正错误,二十一世纪中国的马克思主义一定能够展现出更强大、更有说服力的真理力量,也一定能够开辟二十一世纪马克思主义更为广阔的前景。

结束语

马克思主义的旗帜在中国高高飘扬

建立中国共产党、成立中华人民共和国、推进改革开放和中国特色社会主义事业，是五四运动以来我国发生的三大历史性事件，是近代以来实现中华民族伟大复兴的三大里程碑。而这"三大历史性事件"和"三大里程碑"都与马克思主义紧密相联。没有马克思主义在中国的传播，就没有中国共产党的诞生；正是有了中国共产党，实现中华民族伟大复兴才有了一个坚强的领导核心；中国共产党坚持把马克思主义与中国实际相结合，不断推进马克思主义中国化，用马克思主义中国化的理论成果指导中国革命、建设、改革的实践，才建立了新中国、开创了中国特色社会主义伟大事业；中华人民共和国的建立和中国特色社会主义事业取得的胜利，又从实践上证明了马克思主义的真理性。

经过长期努力，中国特色社会主义进入了新时代，这是我国发展新的历史方位。新时代，呼唤着新的理论。习近平新时代中国特色社会主义思想，是对新时代中国共产党治国理政新理念新思想新战略的科学概括，是当代中国马克思主义、二十一世纪马克思主义，开辟了马克思主义的新境界。

中国特色社会主义进入新时代，具有标志性的意义。从国家和民族发展进步的角度来看，这意味着中华民族迎来了从站起来、富起来到强起来的伟大飞跃，中华民族伟大复兴展现出了光明前景；从世界社会主义发展的角度来看，意味着科学社会主义在经历了从上个世纪末苏联解体、东欧剧变的冲击之后，在二十一世纪的中国焕发出了强大生机活力，中国特色社会主义伟大旗帜高高飘扬；从人类现代化发展道路来看，中国走出了一条中国式现代化新道路，意味着发展中国家走向现代化的途径并非只有西方一种模式，中国的发展给世界上那些既希望加快发展又希望保持自身独立性的国家和民族提供了全新选择，为解决人类问题贡献了中国智慧和中国方案。"三个意味着"，是对中国特色社会主义的发展方位、社会性质和现代化道路作出的科学判断，为我们正确认识历史、认识世界、认识现代化发展规律提供了理论指导。

立足于中国特色社会主义进入新时代的背景，习近平总书记深入阐述了新时代我国社会的主要矛盾，他指出："我国社会主要矛盾已经转化为人民日益增长的美好生活需要和不平衡不充分的发展之间的矛盾。"①从人民的需要来看，经历改革开放以来的长期努力，我国稳定解决了 14 亿多人的温饱问题，并全面建成了小康社会，但是，人民美好生活需要日益广泛，不仅对物质文化生活提出了更高要求，而且对民主、法治、公平、正义、安全、环境等方面的要求日益增长。从经济发展的水平来看，我国社会生产力水平总体上显著提高，社会生产能力在很多方面进入世界前列，更加突出的问题是发展不平衡不充分，这已经成为满足人民日益增长的美好生活需要的主要制约因素。因此，我们要在继续推动发展的基础上，着力解决好发展不平衡不充分的问题，大力提升发展质量和效益，更好满足人民在经济、政治、文化、社会、生态等方面日益增长的需要，更好推动人的全面发展、社会全面进步。

从新时代党肩负的历史使命、社会主要矛盾和国内外形势的新变化出发，围绕着"新时代坚持和发展什么样的中国特色社会主义、怎样坚持和发展中国特色社会主义，建设什么样的社会主义现代化强国、怎样建设社会主义现代化强国，建设什么样的长期执政的马克思主义政党、怎样建设长期执政的马克思主义政党等重大时代课题"，以习近平同志为核心的党中央提出一系列原创性的治国理政新理念新思想新战略，创立了习近平新时代中国特色社会主义思想，实现了马克思主义化新的

---

① 习近平：《决胜全面建成小康社会　夺取新时代中国特色社会主义伟大胜利——在中国共产党第十九次全国代表大会上的报告》，人民出版社2017年版，第11页。

飞跃。

进入新时代,中国共产党人肩负的实现中华民族伟大复兴的任务更加艰巨。为此,全党必须用习近平新时代中国特色社会主义思想为指导,准备付出更为艰巨、更为艰苦的努力,不断推进伟大斗争、伟大工程、伟大事业、伟大梦想,开启全面建设社会主义现代化国家的新征程。

马克思主义不是僵化的教条,而是开放的理论体系。习近平新时代中国特色社会主义思想,是马克思主义中国化的最新理论成果,是当代中国的马克思主义、二十一世纪中国的马克思主义。在当代中国,坚持马克思主义,就要用马克思主义的最新理论成果武装全党,教育人民,就要在全面建设社会主义现代化国家、实现民族伟大复兴的实践中,不断丰富和创新马克思主义,永葆马克思主义的青春活力。

后　记

马克思主义与中国实际相结合，产生了中国共产党；中国共产党开创了中国特色社会主义道路；中国特色社会主义道路引领中华民族坚定而自信地走向民族伟大复兴；实现中华民族伟大复兴的实践经验丰富和发展了马克思主义，不断把马克思主义推向新境界。马克思主义、中国共产党、中国特色社会主义紧密相联，深刻影响了近代以来中国的发展，深刻改变了中华民族的命运。

习近平总书记多次提出，要深刻认识和科学回答"马克思主义为什么行？""中国共产党为什么能？""中国特色社会主义为什么好？"这些基本问题，并简明扼要地指出："中国共产党为什么能，中国特色社会主义为什么好，归根结底是因为马克思主义行。"江苏人民出版社的戴亦梁女士提出要做并且做好"马克思主义为什么行"这个重要选题。对于她的政治敏锐性和选题的专业能力，我们甚是钦佩。

受江苏人民出版社委托，我们组织写作了这本书。本书由中共中央党校（国家行政学院）马克思主义学院牛先锋教授拟定提纲，并负责前言、结束语写作、全书修改和统稿工作。天津师范大学马克思主义学院刘敏敏老师、中国科学院大学马克思主义学院肖遥老师、河南理工大学马克思主义学院张品老师、中共北京市委党校马克思主义学院王阁老师分别撰写了第一章、第二章、第三章、第四章。四位年轻作者都是中共中央党校（国家行政学院）马克思主义理论专业博士毕业，对这个选题深有研究，对书稿的写作倾注了极大努力和心血。江苏人民出版社的戴女士对本书的撰写和修改提出了许多宝贵意见和建议，对本书的出版付出了艰辛的努力，在此深表感谢！

由于对"马克思主义为什么行"这个重大问题的认识还在不断深化之中，一些新的内容来不及吸收和补充，也由于我们水平有限，所以本书难免存在不足，敬请同行和读者批评指正！

著　者

2022 年 9 月